U0535964

股权一本通

创业者必备的股权知识

杨 甜 ◎ 著

浙江大学出版社

序 一
做"寒冬"的创业幸存者
PREFACE

去年特别冷,连广东,这个认为所有广东以北都叫北方的地方,都到了近零度。这个冷是全方位的,反应在创业圈就是寂静萧瑟。企业融资难,基金募资难,互联网创业者活下来更难。

2020年以后会更差,还是会更好呢?

据国家工商总局统计数据,截至2018年年底,中国的企业数量是3474.2万家。中国每天有1.83万多家企业注册,平均每分钟诞生13家企业。大众创业、万众创新的国家战略改变了大家的创业认知,但需要创业者警醒的是,有90%的初创公司会在不到3年的时间内死掉,存活下来的公司没有一个不是先占时机的,而在被淘汰的公司"挂掉"的原因里居然有60%的初创企业毁于股权分配及其相关事宜。我作为一名在互联网创业17年的连续创业者,先后经历土豆网坎坷海外上市,悠络客荆棘新三板挂牌,慧满分拼杀AI在线教育。虽然随着创业路上踩坑阅历的积累,股权经验与资源机会进一步增加了,但惭愧的是,对于团队股权经营与治理,我仍然只能算是个"新兵",因为现在中国式创业中科技与股权管理在公司发展中的重要性日渐突出,一方面"资本的力量"在减弱,而另一方面"智本的力量"在增加,你可能在各个阶段会遇到各种各样的股权大坑。

非常幸运多年前认识了杨甜律师,她从企业到律所、从甲方到乙方的丰富行业经历,帮助我少走了不少创业弯路,而她创立的浙江允道律师事务所也帮助了从初创期到成熟期的各个圈内知名企业。可以说大部分企业碰到股权纠纷时都是鬼门关前走一遭,股权无小事,但股权构架经营并非所有人都能了解、掌握。让我十分吃惊的是,甜律师居然能够把生涩难懂的股权理论通过一个个浅显易懂的故事向我们逐一展示和层层剖析。以股权设计为核心,甜律师着重介绍了"股权架构设计""股权激励模式""股权投融资方式"和"公司治理"四个篇章,囊括了一家初创企业从找合伙人到保障企业控制权、从团队有效激励到融投资匹配等诸方面内容,全是大家比较有共性的"创业深坑"。正如本书所述,股权时代的股权构架设计是公司的内部商业模式,也是最重要的商业模式。股权设计是技术,也是艺术。仁者见仁,智者见智,每个人的理解都可能有所不同。甜律师立足于股权,围绕创业之初的股权设计、股权激励、股权融资、股权控制、公司治理等内容展开,尽可能以通俗易懂的解读与案例来辅助阐述,为创业者、从业者、投资人、创业服务机构和研究者等展示了一条广阔的创业公司成长之路,揭示了股权设计在公司成长各个阶段的重要性及其背后的秘密!

创业时代信息爆炸甚至泛滥成灾,每个人已经不缺"鸡汤",缺的是有专业股权知识并能帮助企业将知识落地的专家。

如果你在创业路上也有以上困惑,请打开此书,相信它将给你答案!

刘冬冬[1]

2019 年 7 月 15 日

---

[1] 刘冬冬:前土豆网平台产品技术负责人,前悠络客(新三板股票代码837110)董事、联合创始人、CTO,现任上海健坤教育科技有限公司CEO。

序 二
PREFACE

杨甜,一位恬淡古典的江南女子,业界内外美称"甜律师"。先后获得浙江财经大学法学学士学位和浙江大学法律硕士学位,曾在大型企业和数家律所历练,于2016年11月创办了浙江允道律师事务所。作为一名律政俏佳人,她以精湛的专业赢得多项荣誉:2015年荣获杭州律师"新星奖";2018年荣获"杭州市民最喜爱的公益律师"称号;在刚刚过去的6月,被浙江财经大学聘为法律实务导师,又被评为第五届最美校友。

从企业到律所的人生经历,让杨甜律师更能理解和懂得股权对公司的重要性,以及大小股东在创业各个时期的酸甜苦辣。多年的专注学习与法律服务,汇聚成眼前的这本有关创业公司股权问题深度剖析的一个个小故事。

作者很用心地将她和她的团队实际经办或深刻研究的

案例,改编为颇具代表性的生动小故事,以通俗易懂的语言介绍了创业公司中有关股权、股东、人才和公司之间可能涉及的法律问题。有人说:人生最悲催的事情就是年轻时候不懂爱情,创业时候不懂股权。本书以创业公司为起点,以股权设计为核心,着重介绍了"股权架构设计""股权激励模式""股权投融资方式"和"公司治理"四大篇章,囊括了初创企业从新生到发展壮大的不同股权阶段,涉及公司的股权构架设计、公司控制权与经营权归属、小股东权益保障等基本内容,还包括了与人才息息相关的股权激励模式设计,以及如何挑选与公司最匹配的战略投资人等内容。为了比较说明企业不同发展阶段股权设计侧重点当有所不同,作者还用一定篇幅介绍了公司治理涉及的相关法律问题。

本书以实际案例为基础,以可行性为目标,用生动的语言、流畅的情节、经典的冲突,剖析不同小故事中的法律问题。无论是初创企业的创业者,还是初入法律行业的年轻律师,都能从轻松阅读中获得帮助和启发。

作为杭州近5000名女律师中的佼佼者,在律师制度恢复40周年之际,杨甜律师用一本专注于初创企业各种股权问题的书籍作为自己职业生涯的里程碑,并借此书阐述了自己的从业心路:法律较之武器,多一份亲和;较之天平,多一份稳固;较之独角兽,多一点接地气。期待杨甜律师用她的努力、专注、敬业,谱写出更多的华丽篇章。

金迎春[①]
2019年6月28日

[①] 金迎春:浙江天屹律师事务所主任、创始合伙人,浙江省首届优秀女律师,现任杭州市律师协会副会长。

目录
CONTENTS

1 股权架构设计篇

如何解决创业合伙人离职后遗留的股权问题？ / 003

与投资人一起创业如何掌控话语权？ / 007

开民宿，生意火爆，却遇上了动不动要涨租的房东，怎么办？ / 014

合伙人之间如何搭建动态股权机制？ / 019

分出去的股权该怎么要回来？ / 023

可以均分股权吗？ / 027

优秀的创始人都长什么样？ / 031

优秀的合伙人都长什么样？ / 036

小股东"绑架"了我，怎么办？ / 040

如何设计董事会治理机制保障公司的控制权？ / 045

2 股权激励篇

股权激励的退出机制该如何设计？／053

面对高管跳槽，如何巧用股权激励？／058

0元购股当股东，还有这等美事?!／063

"金手镯"没戴好，高管和老板都叫苦不迭／068

一纸期权成废纸，是不是持股形式选错了？／073

如何对经销商实施股权激励？／078

高管离职，期权纠纷带来的思考／084

如何巧用虚拟股权激励？／089

是否所有员工都吃股权激励这一套？／094

巧用竞业限制，平衡激励和控制／099

3 股权投融资篇

火眼金睛识别你身边的投资人／107

发新股和卖老股的区别／111

投资估值有窍门／116

做好股权投融资，尽职调查很重要／122

三问股权融资——为什么,是什么,怎么做 / 127

换位思考,投资人看重的是什么? / 131

站在创业者的角度,解析股权融资核心要素 / 136

投资条款清单的秘密 / 140

投资合同核心条款解读 / 144

创始人与投资人的相处之道 / 152

4 公司那些事

我不想当法定代表人了,怎么办? / 159

隐名股东转让股权的效力认定 / 163

夺回公章的策略及其对公司控制权的影响 / 169

如何解除小股东的股东资格? / 173

股东出资不实,能分红吗? / 177

有限公司增资时,原股东有优先认缴权吗? / 182

横向刺破公司面纱——兄弟公司间的债务连带承担问题 / 187

承包管理制的公司合作方式有效吗? / 192

如何发挥监事在公司治理中的重要作用? / 197

大股东任性不分红,小股东怎么办? / 201

1
股权架构设计篇

Q 如何解决创业合伙人离职后遗留的股权问题？

我们来聊聊：创业时代，公司股权的**人力密码**。

◎ **先来听一则股权故事：**

A、B、C三人共同创立了一家公司，公司成立时注册资本为人民币100万元。分配股权时，由于A年龄略长，被其他二人称为大哥，所以出资40万元，占公司股权比例40%，B和C各出资30万元，各自占股比为30%。三兄弟简单地分配了股权，找了代办公司的机构完成了工商登记，开始热火朝天地创业了。

由于是创业公司，万事开头难，A、B、C三人既是公司股东，又身兼公司管理层，还拿着微薄的工资干着员工的工作,身份三合一,想着为了创业梦想什么都值得,这也是现在创业者的普遍状态……可是公司成立半年后,发生了一件事,让大家觉得当初的想法太简单了,股权分配太草率了。

大家红红火火拼事业的时候,大多缺少交流。有一天,B突然提出要离开公司,这个事情谁也没办法阻拦。可是人走了,留下来的公司股权怎么办?B理直气壮地说:"公司的股权我是要留下的,当初公司成立时,我是真金白银出了30万元的。我咨询了律师,我国**公司法没有规定离职必须退股**,公司章程也没有这个规定。所以,以后公司有什么重要的事必须通知我开会,公司的财务情况也必须及时告诉我,有分红得按照股权比例来。"

A、C听了这话总觉得很不舒服,但一时也说不出哪里不对。散会后,他们想了很久,终于明白了一件事:这是一家创业公司,靠的是大家努力一起做大,前面的100万元只是启动资金,B前期确实出了30万元,可是干了半年就走了,他俩还要守着公司5年、10年甚至更久,还要投入大量的人力、智力、精力,公司若真的做大做强了,B回来说有30%的股权,那肯定是不公平的。如果后面还要吸引合伙人一起干,走了的B占着30%的股权,拿什么去吸引新人?

于是,A和C过来咨询我,B的股权到底该怎么处理?

由于该公司成立的时候,三位创始股东没有进行任何特别约定,所以B的说法没错,离职不等于退股。如果B自己不愿意转让股权,谁也不能强制要求他转让股权。目前的尴尬局面在于前期对于股权退出没有任何约定,对于创业公司股权的核心要素大家没有想明白。现在解决问题的办法只有两个。

一是靠谈判来解决这个问题。因为B也有顾虑,既然离开公司,将来公司的经营如何,自己实际上是无法掌控和把握的,如果公司亏了,甚至倒闭了,自己的30万元出资也就打水漂了,所以大家还是有谈判的可能性的。希望通过谈判,把B的股权回购回来。

二是A和C另起炉灶,重新分配股权,成立新公司。这是没有办法的办法，因为推倒重来的成本还是很大的。

听了这个故事，大家是不是可以认同创业公司的股权不是单纯地出多少钱占多少股呢？股权的核心要素除了资金，至少应当涵盖**人力因素**，大多数时候，人力因素甚至更重要。按照这个道理，**在分配股权的时候，至少应当区分资金股和人力股**。资金股相对比较简单，出多少钱，占多少比例，复杂的是人力股的部分。**通常我们推荐按照股权成熟模式结合股权回购模式的方法分配股权。**

什么意思呢？拿这家公司作例子，如果当初三人把股权分为资金股和人力股，资金股占50%，也就是A占20%、B占15%、C占15%，人力股部分也是同样的比例，但是约定股权成熟模式。打个比方4年成熟，每满1年成熟1/4。那么B干了半年，人力股部分无法成熟获得，也就是离开只有15%的股权，而非30%的股权。

另外可以约定**股权回购模式**予以辅助，就是如果有股东离开，公司其他股东或者大股东有回购的权利。比如B离开，他当时出资的30万元资金股必须转让。当然，这里有个很重要的提醒，**如果股东合作协议先期约定股东离职股权必须回购，那回购的价格必须事先约定清楚**，这样就不会出现前面故事中的尴尬局面了。

Q 与投资人一起创业如何掌控话语权？

这一节，我们来聊聊**创始人和早期投资人共同创业**的话题。

◎ **老规矩，先来听一个故事：**

阿创研究生毕业后去了一家外资公司从事设计师工作，工作2年后，有一次参加校友会认识了几个志趣相投的校友，一来二去大家就比较熟悉了。学长大黄在一家规模比较大的医药企业担任高管，校友阿志是商务营销的高手，曾担任过好几家企业的市场部经理，目前是自由职业者。一个偶然的机会，阿创遇到一个比较不错的项目，于是就有了离职创业的念头。阿创找到阿志一起合伙创业，两人一拍即合。

可是，理想是丰满的，现实却有些骨感。两人测算了一下项目的启动资金，大概需要200万元，但是两人手头的全部资金加起来只凑了80万元，另外的120万元没有着落。放弃这么好的创业机会，两人又有一点不甘心，于是他们找到了学长大黄帮忙。

大黄仔细听了阿创的项目，觉得靠谱，欣然同意出资120万元，但是大黄无法离职加入创业公司，三方约定大黄作为创始股东，只需提供资金。

阿创和阿志喜出望外，也没多考虑就委托了代办公司的机构，注册了四通公司，寓意四通八达，财源广进。**四通公司的注册资本为200万元，均为实缴。阿创出资50万元，占股比25%，阿志出资30万元，占股比15%，大黄出资120万元，占股比60%。**大家都觉得公司初设，股权本来就是风险和责任，按照出资比例分配股权挺公平的，也符合法律规定。

如果故事就这么结束了,我想我的分享也就进行不下去了。四通公司后面发生了一些事,让阿创和阿志开始有了比较大的触动,觉得当初的股权分配是不是有一些问题。大家且耐心听一听。

这个项目需要一些资源的对接,**资源对接方提出了股权的要求。**作为创业公司,说实话大额的现金支付也不现实,于是就需要启动股东会讨论给不给对方股权、怎么给的问题。这个时候作为大股东的大黄在股东会上出乎意料地投了**反对票,**他认为公司刚成立就要**变动股权架构不利于公司的长期稳定,尤其有限公司人合为主,不适合引进不熟悉的股东。**

阿创和阿志当然知道大黄说的有一定的道理,可这个资源对接方对于项目还是很关键的,他俩认为**给予对方小额的股权不影响大局,**公司目前生存和发展才是关键。如果不答应对方的股权要求,可能这个项目就要黄了,综合考虑,给予对方一点小额股权也未尝不可。

双方僵持不下。由于大黄是大股东,这个事情就没有后来了,提案被否决。股东会不欢而散,阿创和阿志第一次觉得自己的创始人身份有点尴尬,公司的大事自己做不了主。

虽然资源方没有进来,但是四通公司在阿创和阿志的努力下,还是分到了大项目的部分利益,公司开始有了一些红利,慢慢朝良性的方向发展了,团队也开始逐渐建立起来。这个时候团队管理的问题开始出现,阿创和阿志打算对团队中的**核心员工实施股权激励**。

由于涉及股权问题,必然又要上会讨论。这个时候大黄倒是没有反对实施股权激励,**但是他认为时机不对,虽然公司运行1年多了,但还属于初创期,不宜过早实施股权激励**。而阿创和阿志则认为,必须先对优秀人才有承诺,**布局和规划股权激励,比如设置期权制度,这样才能稳定团队,激励士气**。于是,大家又产生了分歧,结果大家应该很清楚了,没错,由于大黄是大股东,这个事情也就不了了之了。经过这两件事情,阿创和阿志彻底懵了,他们发现把自己定位为公司的创始人完全是一厢情愿,他们**什么重要的事情都无法决定**。

回到我们今天的主题,问题来了:创始人和早期投资人,对于创业公司的贡献和投入是不是一样的呢?两方的股权要素是一样的吗?

答案显然不是,为什么?

股权的核心要素包括人力因素,但是早期投资人并没有持续的人力投入,只投了同等价格股权的钱,而创始人既真金白银掏了同等价格股权的钱,又持续投入了**人力、智力和精力**。大家或许会说,不对啊,阿创和阿志的人力投入应该有劳动报酬。可是对于创业公司而言,创始人从公司长远发展来看,一般不会给自己发很高的工资,杯水车薪的劳动报酬和持续的人力投入显然不成正比。所以说,在没有建立任何股权规则的情况下,**早期投资人和创始人同股同价会产生一些问题,而且越到后面,问题越大**。

那该怎么办呢？按照我们听故事、提问题、供对策的三步法，接下去是对策探讨的时间。我认为，创始人和早期投资人一起创业的情况比较普遍，早期投资人能够帮助创业者迅速筹集资金、占据市场，功不可没，**所以设立公司时股权架构按照出多少钱占多少股来分配既符合商业思维，又符合人情世故，还和法律规定相契合。但是这样的股权架构忽略了创业者的人力投入，长远来看是不公平的**，没有规划未来的股权架构必然是要出问题的。

所以，需要在法律、公司章程或者股东合作协议中约定股权调整机制。这里的股权调整机制可以分为**业绩对赌和股权回购**两种方式。

什么意思呢？还是拿前面阿创他们的故事来举例子。如果当初的公司股东合作协议设置了**业绩对赌模式**，前面依旧是4:6模型（我们把阿创和阿志简单归为一致行动人），创始人占40%的股比、投资人占60%的股比，当创始人把公司业绩或者利润做到一定数额（这个条件必须可以评估），那么就要允许创始人以分红所得或者其他所得来对公司单方增资，调整原来的股权模型，比如达到6:4的模型。这就是业绩对赌。

那么什么是**股权回购**呢？这也需要在章程或股东合作协议等法律文件中做出先期规定。股权回购就是设置一定的年限，比如3年，创始人有权以一定的价格（不低于早期投资人的出资价格）来回购一部分早期投资人的股权，比如回购一半，变成创始人70%、早期投资人30%的股权模型。

当然，到底采用哪种方法来调整股权还是要看项目的具体情况以及投资人的认可程度，但总体来说早期投资人都不会过于反对，因为这两种方案都是以共赢的模式在思考问题，大家可以细细回味。

Q 开民宿，生意火爆，却遇上了动不动要涨租的房东，怎么办？

这一节，我们来聊聊股权架构设计的资源整合。

◎ 老规矩，先来听一个故事：

小薇大学专业学的是房屋结构设计，后来出国留学深造，回国后在国内知名的设计公司有过从业经验，目前自己创业。由于家里经济状况不错，在家人的资金帮助下，小薇在浙江湖州、丽水等地经营了多家民宿。

这几年旅游火爆，加上小薇对于房屋装修设计独特的理念，又聘请了大学同学小木进行品牌管理、运营及推广，生意倒也红红火火，蒸蒸日上。不过随着生意越来越好，烦恼和问题也接踵而至。小薇目前遇到的**最头痛的两个问题**是：

第一，民宿主要租赁的是农村的老宅，出租方看到民宿生意好就希望提高租金，甚至常常以收回房屋为威胁。湖州德清的房东已经谈过好几次了，虽然合同签订的时候都是以5年、10年为租赁期，租金和涨幅也是约定清楚的。可是不到半年，房东就来谈提高租金的事情了，这让小薇烦恼不已。如果不妥协，房东强行收回房屋，自己的装修成本那么高，另外找地方等于需要重新装修和推广，商业上的损失吃不消；如果妥协，成本水涨船高，业绩提升的红利几乎都交了房租。关键是，小薇咨询了律师，农村房屋租赁涉及宅基地问题，甚至租赁合同可能都不受法律保护，这让小薇心里更加忐忑。

第二，目前经营民宿的竞争越来越激烈、越来越白热化，消费者的选择也越来越多，甚至有一些国外的酒店管理公司也开始涉足这个行业。通过原有的品牌经营、互联网社群推广等方式的营销策略作用开始慢慢减弱,如何通过整合社会资源来推广民宿的口碑和美誉度迫在眉睫。

诚然,小薇的问题很现实,也是痛点。可是故事听完了,大家或许会觉得今天的故事和股权有什么关系呢,甜律师是不是跑题了?非也,非也,大家且耐心地听我分析下去。

我们先来看第一个问题,小薇经营民宿很大的一项成本无疑是物业的租赁费用。确实,对于农村宅基地房屋的租赁在法律上有争议,目前不受法律保护的可能性很大,也就是说理论上通过签订租赁合同保护租赁期限和锁定租金价格存在现实障碍。那么我们是否可以换一个思路来思考一下,当然我提供的对策不是必然正确或者说有效,但至少有这样一种思路,**是否可以尝试邀请民宿所在物业所有人以物业经营权入股民宿**。

现行《公司法》第27条规定的股东出资方式仅限货币、实物、知识产权、土地使用权等,目前公司注册资本均可认缴,实际操作中运作起来还是比较方便的。

通过股权合作整合物业资源,这样一来,民宿的经营收入直接与物业所有人挂钩,物业所有人就不会看到民宿生意一好就坐地起价,要求涨租金了。同时作为民宿的创始人小薇也可以锁定物业的租赁价格,锁定物业成本,专心经营民宿,使得业绩节节高升,这或许是通过股权整合资源的一个妙方。

关于第二个问题,我们也可以用股权的思维来思考,主要可以尝试**股权众筹**的策略。比如邀请一些社会资源提供方来入股,但是需要控制一个总额,这块释放的股权不宜过多,以持股平台为妥,比如搭建**有限合伙企业作为持股平台持股民宿主体公司**。在本案例中,创始人小薇自己或控制的企业作为普通合伙人来掌握表决权和控制权,社会资源提供方作为有限合伙人参与民宿红利分配。

这样既可以避免股东频繁地进入退出影响主体公司的股权架构,也可以避免股东人数众多导致股权过于分散。同时,还可以设计每位社会资源股东入股获得相应额度的消费卡(比如入股10万元可以获得6万~8万元额度的消费卡),给消费卡设置一定有效期限,社会资源股东需要将消费卡赠送给亲朋好友(新客户)去民宿消费,相应名单需要提交民宿店长备案。

同时可以结合互联网推广的模式，新客户过来体验赠送一些小礼品，并且邀请他们参与大众点评，配合微信朋友圈转发、推广等互联网宣传方式，进一步提升民宿的品牌和口碑。通过这样的方式，把民宿主体公司的**股权蛋糕分一些出去，换取社会资源，使得蛋糕越做越大**，这也是实现共赢的一种策略。

Q 合伙人之间如何搭建动态股权机制？

本节我们来聊聊**动态股权架构设计**的话题。

关于这个话题，很多创业者的第一反应都是有一定程度的疑虑，觉得公司股权架构不稳定一定不是好事，是一个大大的隐患，也不利于后期融资。

实际上，这是误读了动态股权架构设计的内涵。我们前几节谈到的合伙人之间股权退出机制、创始人与早期投资人之间的股权调整机制，实际上都是动态股权设计的一种模型。我们认为动态股权设计恰恰是为了使公司股权架构更健康和更具持续性。人在变、贡献在变、各方面价值都在变，股权架构不变其实才是反人性的，才是值得忧虑的。

下面我们依旧来听一个故事,看看故事中的矛盾能不能通过**动态股权的模式**来解决。

◎ 听故事时间：

有一家生物医药公司,S先生是创始人。他是商务出身,擅长市场运作,整合各类资源更是其强项。

Z先生是后来引进的合伙人,他是专业技术人才,名校博士后,专业过硬,技术大牛。引进之初,两个人谈好是75:25的股权分配比例,通过股权转让的方式完成。对于股权比例和获得形式,大家都欣然接受。

可是随着公司运作越来越成功,Z先生慢慢变成企业的关键人物,作用越来越凸显,**后期的市场开拓也越来越依赖Z先生的技术能力**。同时,企业开始获得资本的青睐,投资人更看中的也是Z先生的技术。但由于股权比例的分配没有任何动态调整的预先约定,Z先生越来越觉得不公平和不对等,凭什么自己付出这么多,自己这么重要,获得的股权这么少,决策权、表决权都起不到什么作用,利益分配就更不用说了。两位股东几次对于股权分配的调整谈判都不顺利,结果Z先生离开公司,大家不欢而散,公司自然也受到了致命的打击。

听了这个故事,大家是不是可以认识到股权动态调整不仅限于投资人与创始人之间,合伙人之间也是非常需要的。**因为股权的比例是和合伙人的贡献挂钩的**,随着公司的发展,合伙人对公司的贡献是在不断变化的。有些合伙人早期参与,后期没有参与;早期有贡献,后期没有贡献;早期贡献大,后期贡献小;早期适合,后期不适合……各种情形都有可能发生。如果股权一成不变,必有后患。

那么合伙人之间动态股权机制怎么搭建呢?

除了我们前面谈到的股权退出机制,今天介绍另外一种预留股权的模型。大家可能会疑惑,现行公司法要求公司成立的时候必须明确100%股权归属,那怎么预留股权呢?

其实啊,预留股权还是可以操作的,并不违反法律规定。具体怎么做呢?我们可以在股东合作协议中对预留股权的比例进行确认,比如20%。然后可以由**所有股东同比例代持**,也可以由大股东代持,等到将来需要调整的时候,代持者把代持的股权分出去。

或者由于现在的公司注册资本是可以认缴的(也就是成立的时候不缴纳,将来缴纳),那么公司搭建的时候可以同时搭建一个**持股平台**(比如再设立一个有限公司或者有限合伙企业平台)**来代持预留股权**。这个预留的股权未来如何分配就比较关键了,每个企业情况也各不相同。

回到我们上面的故事,如果S先生和Z先生先期约定预留一部分股权,然后按照时间节点设立**贡献量化表**(这个量化表必须大家都认可,并且可评估和测评),用预留的股权来对两人的股权进行调整,使股权分配和股东贡献成正比,从而使得公司进入良性、可持续发展轨道,这样后期可能就不会分道扬镳了。

Q 分出去的股权该怎么要回来？

◎ **下面的故事是发生在我身边的真实故事：**

我的一个朋友，暂且称他为Z先生，原来在国外从事技术研发工作，归国后创业，项目非常有前景。

他的公司股权架构是以他为主的团队合伙人一起占股比70%，另外一个国内的资源方占股比30%。对，又是资源方，在商业运作中，股权的资源要素不容小觑。不过我这个朋友找到的资源合作方不是特别靠谱，除了对接租赁办公场地之外，前面讲好的园区政策补贴、对接政府资源等承诺均没有正常兑现。

而我那个朋友却大大方方地分了30%的

股权出去,并且写进了公司章程。哎,分出去容易,收回来难啊。后来,他们进行了多轮协商才将股权架构进行了一定的调整,我的朋友也付出了很大的金钱代价。这可算是一个血淋淋的教训。

大家思考一下,股权到底意味着什么?是责任,是权利,是利益?

这个"大方"的Z先生让我想起了"小气"的X先生(这里不特指某一个人),我们看到好多创业公司的股权架构,基本都是一人持股或者夫妻共同持股,也就是创业没有合伙人,这种股权架构实际上和上面的故事正好形成鲜明对比,在我看来都不合理。

我非常赞同小米创始人雷军说过的一句话,在今天的互联网企业里,你控制100%股权把公司做成功的概率几乎等于零。创业是100%梦想的分享过程,跟投资人分享,跟最优秀的工程师分享,跟最优秀的销售分享。

我的理解就是,创业公司最值钱的就是梦想与股权,所有任性的股权架构分配都不可取。

按照我们听故事、提问题、供策略的逻辑架构，今天的故事实际上主要就是股权架构的分配出了问题。就事论事，我们建议对于资源提供方的股权合作要求还是要谨慎评估，30%的股权比例一般来讲太高了，是否与贡献对等、投入产出比例如何，都需要仔细衡量。

另外，我建议，对于资源提供方不要直接进行股权合作，最好是期权合作，大家可以先签订一个期权合作协议，约定清楚未来按照资源导入的实际成果和时间节点兑换股权，这样既符合公平原则，又可以满足资源提供方的股权合作要求。

最后，我要来讲讲股权架构设计的原则。我认为，对于创业公司而言有以下七个原则值得大家借鉴：

一是股权发放一定要谨慎，不要过早分配完毕，也不要过早对贡献和股比下定论。这点对于上面这个故事是这个道理，对于前面我们讲的故事也都适用，动态股权设计很重要。

二是合伙人的选择很重要，必须要有共同的方向、理念和目标才能一起创业。当然，这点说起来容易做起来难，但前期慎重选择，就能把问题解决在前面。

三是合伙人在组织架构中的角色定位很重要,一定要有明确的分工。创业之路很艰难,需要真正做事的人,投入是态度,也是基础,这和权利相对应,当然也和股权分配息息相关。

四是均分的股权符合中庸之道,但是做成功的真没几个,看似平衡,实际最容易形成僵局,太多的教训就不多说了。

五是在股权合作之初就要明确公司的治理机制、决策机制,怎么开会,如何表决,哪些问题谁说了算,如果出现股东意见不一致如何处理……这些问题对于创业股权合作都非常重要,大家一定要重视。

六是保证具有企业家精神的创始人掌握控制权。这个也很重要,虽然创业是梦想分享的过程,但是创业没有灵魂人物、核心人物也是一盘散沙,很容易走偏。关于控制权的话题,后面我会有专题来跟大家分享。

七是股权架构设计一定要规划未来。不管是合伙人之间的股权调整机制、退出机制,还是将来资本进入的通道,都要做出规划。

Q 可以均分股权吗?

一开始就要问大家一个问题,**可以均分股权吗?**

关于股权架构设计的原则,均分的股权实在不推荐,因为这看似平衡,实则最不稳定且暗藏隐患,很容易形成股东僵局。

我们就来听一则均分股权的小故事,实际上也是我身边朋友的真实故事。基于保护当事人隐私的原则,我加以改编,与大家分享。

◎ **听故事时间:**

> 故事的主人公是Q小姐和Y先生,他们两人是非常要好的朋友关系,所以一起从事服装项目,合作多年,从小作坊一直到合资开公

司,慢慢做大做强。**两人合作之初就是五五分成,所以在公司的股权比例上自然也延续了五五均分的惯例。**

双方对于各自的分工也比较明确,Q小姐是专业设计师出身,对于设计和搭配颇具天赋,擅长设计和运营;Y先生则相对稳重,主要分管工厂生产和内部管理。

但是前不久两人争吵得非常厉害,为什么呢?主要是公司发展越来越快,随之而来也出现了很多管理和运营的问题,原来是各管一块,谁也不插手对方负责的事宜,可是现在发现这样不行,需要互相制约和监督。

于是两人启动股东会议希望能把问题聊透,都是为了公司的利益去说服对方。结果大家可以预测了,由于看问题的角度不一样,两人谁也说服不了谁,均分的股权导致公司的重大决策无法达成一致意见,根本无法形成合法、有效的股东会决议。

问题没有妥善解决,两人的情谊倒是大伤

元气,公司的职业经理人也懵了,不知道该听哪位老板的。一些拿到干股的高管更是着急,作为利益共同体,**股东争议影响公司发展,也影响其利益分配**,大家急得似热锅上的蚂蚁。

听了这个故事,大家是不是能够更加深刻地感受到均分股权的弊端和问题呢?诚然,均分的股权在合伙人实力相当、能力相仿的时候最容易出现,其既符合公平原则,又不伤感情,我们也非常理解其存在并适用的现实状况。

那么上面故事的争议一定无解吗?

非也。根据我们听故事、提问题、供策略的逻辑架构,下面我们来分析一下对策。我认为有以下方法值得尝试:

第一,引入独立董事来参与股东争议的调停。一般来讲,独立董事应是行业内有较高声望或者双方都信任和认可的人,而且独立董事与双方都无利害关系。这样的角色可以在股东之间就具体问题发生争议、僵持不下的时候,作为中间人进行有效调停。

第二,专业分工制度。一般我们会给予专业股东一些特别的权利,以避免股东争议。具体到条款的设置,比如:对于股东负责的专业事务，公司实行"专业负责制"原则，由负责股东提出意见和方案，如其余股东无反对意见的，则由负责的股东执行；如其余股东均不同意，公司执行董事或者CEO不投反对票的，负责股东可继续执行方案。

第三，约定股权退出机制。一旦矛盾非常激烈，比如几次以上股东会都无法召开或者几次以上股东会都无法达成有效决议，遇到这样的情形，一方股东可以选择以合理的条件（收购或者资产剥离）退出，尽量预设和平解决问题的通道。这样无论对于股东还是对于公司都有帮助：对于股东，可以减少博弈的成本；对于公司，可以减少内耗，尽早恢复正常经营。

第四，也是万不得已之举，轻易不推荐，就是提议**公司解散。**

《公司法》第182条规定，公司经营管理发生严重困难，继续存续会使股东利益遭受到重大损失，通过其他途径不能解决的，持有公司全部股东表决权10%以上的股东，可以请求人民法院解散公司。

司法解散对于股东僵局而言，无疑是一种彻底的方案。但以此方式终结公司的法人资格，无疑也是各种救济手段中最惨烈和损失最大的一种措施。因此我们建议不到万不得已，不轻易使用此种救济手段。

Q 优秀的创始人都长什么样?

今天我们谈谈**创始人画像**。

本节的话题我一直想聊,即创始团队的特质,我打算分两部分来完成,分为创始人的特质和合伙人的基因。

其实我发现越深入研究股权和商业,这个话题越难。然而同时,我又深刻地体会到这个问题在创业公司股权架构的设计中是非常重要的,绝不亚于股权的核心要素和调整、退出机制。人没选好、没选对,等于基础是错的,即使后面规则是对的,调整的代价和成功的概率都会大大受到影响。

我们依旧先来听一个故事作为开篇。这次我们听历史故事,以史为鉴。我本人在学生时代是非常喜欢和痴迷中国古代史的,不仅是因为我的高中历史老师(男)颜值极高,更是因为从小父亲就给我买了《上下五千年》这本书，启蒙和开发了我对中国古代史的兴趣。今天我们来聊聊刘邦和项羽的故事。

汉高祖刘邦，以一介布衣击败了一个又一个强大的对手，开创了汉家四百多年的基业。他成就霸业的背后除了各种历史原因外，少不了张良、韩信、萧何等良臣勇将的鼎力相助。但是这些能人勇士为什么愿意聚集在刘邦身边呢？这就是刘邦的独特魅力和特质了。

而反观项羽，贵族出身，军事才能卓越，但其孤芳自赏，极度自负，身边没有什么得力帮手，后面连韩信也投奔了刘邦，最后一败涂地，乌江自刎。

这个故事大家再熟悉不过了，各人有各人的解读。我们从股权设计的角度来剖析，如果把打江山比作创业，这实际上告诉了我们一个道理,合伙创业容易成功,孤胆英雄失败的概率会比较高。

通过这个故事,引出我们今天的问题:**创始人应该具备哪些特质以吸引合伙人加入?**

今天的话题,我刚才说了,没有标准答案,但是因为我接触过好多现实的创始人,我作为常年顾问服务过的公司有几十家,服务过的客户更多,咨询过的客户早就突破了百家,我说这个话题有一定的样本量,同时我也研究了大量市场上明星企业成功和失败的案例,所以我可以在这里说一下我的观点。一般来说,成功的创始人有以下特质:

第一,具备通才的能力。这个能力的总结是从王强老师在混沌大学①的商业课程中受到的启发。诚然,这个社会的各种资源要素已经从固态、静态的状态向液态、动态的状态转变,按照王强老师的说法,是商业帝国向流沙的转变。创始人应当具备整合各种资源的能力,他需要通才的能力,而不仅仅是专才的能力。

---

①混沌大学:互联网创新大学。

举例来说：**特斯拉的创始人埃隆·马斯克,具有宾夕法尼亚大学物理学和经济学双学位**。马斯克完成了私人公司发射火箭的壮举,与此同时他是目前全世界最好的电动汽车制造公司的创始人,此前,他还打造了世界一流的网络支付平台,这就是通才的典型。而我服务的一家客户单位的创始人,也是我非常佩服的一位企业家,他曾经是位医生、心血管专家,从体制内辞职出来创业,整合了各种技术专家和医疗资源。他的企业目前研发了国内首创的、具备多项发明专利的医疗器械,他也是典型的通才代表。

第二,意志坚定,目标远大。创业路上的各种艰辛、各种难题接踵而至,其他人可以撤,创始人不能撤,不能打退堂鼓。我的一位朋友,现在担任一家养发公司的高管,非常聪明和好学,也吃得了苦。他曾经也想过创业,但是前辈告诉他,创业九死一生,还要做好思想准备,想清楚可能的失败。最后他从善如流,选择放弃,我认为这也是明智之举,创业必须坚持远大的目标。

第三,具备宽广的胸怀,有容人之量,有引人之能。创始人必须要有容人之量,还要像一个能量球一样吸引有本事的人成为你的合伙人或者成为你的合作伙伴,这是难能可贵的特质。

第四,具备强大的心理素质和抗挫折能力。创业的路上会有无数问题,是一场马拉松,而且要在持续高压的情况下长跑。如果没有强大的心理素质和抗挫折能力,可能就半途而废了。

第五,具备好的人品和高度的责任心。这是我的观点,不是所有人都会认同,但我始终坚持创业者的价值观必须正确。我身边好多企业家,真的特别低调、朴素、谦虚,说到做到,十分诚信,做的永远比说的好。

我想以上这些就是企业家精神的具体分化特质吧。

Q 优秀的合伙人都长什么样?

本节我们来聊聊合伙人的话题,描绘下**合伙人画像**。

如今是合伙创业的年代,谈了创始人的特质,不能遗漏**合伙人的基因**。

◎ **同样以一个故事作为开篇:**

小海想搞一个新项目,预计投入资金50万元。于是小海找到朋友大黄,两人商讨合伙成立公司。

大黄说:"项目是你的主意,你也有一定的资源和人脉,所以你主导,我来辅助。出资上,不如我吃亏点,我投30万元股权占50%,你投20万元股权也占50%,怎么样?"

小海说:"我只出力不出钱,每月拿工资,占5%或10%股份都可以。"

大黄不乐意了,如果全部自己出资,到时候万一不成功,损失就只有自己。因此双方合作告吹。小海之后也找了好多朋友,但一听到他不出钱只出力,大家都不愿意。

细想一下,小海的小算盘算得太精明了,新项目风险大,若成功了,就会赚一些;若失败了,自己只浪费了人力。小海这种喜欢占便宜的人,说白了就是不想承担风险,可以随时抽身撤退。当然大家也不傻,没有人愿意与他合伙。

由此可以引出我们今天的问题:什么样的人可以成为合伙人?

听过我以往课程的朋友应该知道一些,现在我就来总结一下合伙人的画像。

互相信任,价值认同是基础。创始人及其合伙人都要认可这样的理念:在团队出现分歧的时候,愿意相信对方是为我好、是为企业好。无论出现什么样的事情,团队成员间的相互信任都是排在第一位的。

无论团队以外的人怎么误解、诋毁或挑拨创业团队成员的关系,团队成员都要做到:**不参与、不诋毁、不伤害其他成员;在经过创业全体成员确认之前,不怀疑任何合伙人的动机**。一个没有信任机制的团队是无法经历风浪的,散伙的概率也会大大提高。

能力互补,职能分工。任何一个稳定的组织体都有结构分层,排座次是必须考虑的,否则就会内乱四起。创业团队要有带头人,而其他合伙人要认可这个"老大"的角色。同时一个组织体内部**一定要有功能划分,不同的人扮演不同的角色,发挥不同的作用**。创业不是过家家,每个合伙人都要发挥自己的全部能力,而创业合伙人之间要能力互补。

一般来讲,我们在制作股东合作协议时会明确"**管理和职能分工**"条款,同时在给客户设计决策机制时,还会设置"专业事务表决"细节。设置这些专业条款的意义就在于更好地发挥各合伙人的专业能力,更好地促进创业企业的发展。我们认为合伙人最好不要是同一专业出身,比如两个合伙人同时擅长技术,就不太推荐。

全职效力,身心投入。合伙人需要为了共同的梦想和事业,舍弃眼前的利益。当其他事情与公司的事情出现冲突的时候,愿意把时间花在公司的事情上。**创业是一个持续的过程,可能需要"白加黑""五加二",**没有全身心的投入,越到后面问题越多。我们听到太多创业团队散伙的故事,问题就出在这里,没有丝毫夸张的成分,大家可以细细回味。当然,有些合伙人前期存在无法全职的现实因素,但从长期来看,合伙人必须全职投入。

钱不在多,必须出资。这就回应了最前面的故事,风险共担需要身体力行。创业总是不断需要用钱,这是最有效的试金石。愿意在创业一开始就把钱放到公司里面,是一种责任的体现;公司需要钱的时候,愿意出去找钱;当花钱的地方有冲突的时候,愿意把有限的资金首先花到公司……这些都是作为合伙人的基本态度,也**增加了合伙人之间的信任和黏性,**十分重要。

如果是新入的合伙人,我建议**增设考察预备期,**不要一进来就直接给股份。这也是许多基金公司惯常的做法。引进新的合伙人一定会有一个预备期。对于一上来就要做合伙人的外聘人才,无论能力多强都不推崇这种做法,每个人都应该从**预备合伙人干起,**这是人品、能力与团队磨合的检验期,很重要。

Q 小股东"绑架"了我,怎么办?

本节我们来聊聊**控制权**的话题。根据我们的有效调查问卷,企业家和创始人最关心的话题是控制权问题,没有之一,足见这个话题在企业家心目中的位置。

◎ 我们先来听一个故事:

2012年,老张和老李一起创业,经营一家电气公司。

老张做大股东,占股58%,老李做小股东,占股42%。

在两人的通力合作下,公司发展得很顺利,业绩连续3年增长。与此同时,老张发现老李部门里面的销售总监小胡一直跟随着公司一起发展,为公司立下了汗马功劳,他决定要给小胡配点股。一次,老张交给小胡一个重要的任务,如果能拿下这个重要的国外大客户的单子,就给10%股权。小胡不负众望,成功签约该客户,也就理所当然获得了10%的股权,这时候公司股权比例变为——

老张:老李:小胡=48:42:10。

这下问题来了,公司发展越快,对关键决策的选择就越至关重要。在关于未来规划上,公司股东会决议经常确定不下来。原因是老张提出的方案,老李不认同,两人的股权比例都不在1/2以上,这时候就要看小胡的投票,一个是公司老板、一个是前直属领导,小胡两个都不好意思得罪,导致很多事情模棱两可、无法拍板。为了讨好小胡,老张、老李两人私底下就经常跟他联络,拉拢派系,原本好好的公司,现在变成了**三股东"绑架"大股东、二股东!**

这个故事告诉我们，不重视公司的控制权会直接影响公司的决策和未来。实际上，激励核心高管没有问题，用股权去交换资金、资源、人力也是应有之义，随着企业的发展，谁都不可能保证永远拥有企业50%以上的股权比例。但是不重视公司的控制权，就会出现大的问题，股权可以稀释，控制权不可随意撼动。那么问题来了，**如何保障创始人的控制权呢？如果故事中的老张要激励小胡该如何进行股权安排呢？**

一般来说，现在比较普遍的几种方式为：

1. 投票权委托。这主要是指部分股东将股权权益中的投票表决权委托给创始股东行使，从而保障创始人在股东会表决权上的控制。这在法律上没有障碍，签署一个委托协议即可。但是按照我国合同法的相关规定，委托合同可以任意撤销，所以投票权委托本质上还是存在一定的风险，一般在设计委托合同的时候会以**高额违约金**约定的方式来做一些安排。

2. 一致行动人协议。主要是指有些企业创始人不是一个人，而是一个团队，那么在企业不断发展的过程中，创始人团队的股权可能会被不断稀释用来交换各种资源和资金。要想守住一元化股权架构的控制权红线实在有心无力，那么所有的创始人可以签署一个一致行动人协议,在引进投资机构或者股权被高度稀释到一定阶段后,所有的创始人必须联合起来,在企业股东(大)会召开以前,就股东(大)会所议事项先开一个小会形成表决,如果有争议,以大股东或者多数人的意见为准。

3. 持股平台的设计可分为有限公司的持股平台和有限合伙企业的持股平台。这种设计通常针对股权众筹和股权激励,将众筹的投资人或者核心员工装进持股平台间接持股。一般来讲,创始人或者创始人控制的公司要掌握持股平台的表决权,比如要成为有限合伙企业的普通合伙人,担任合伙事务执行人,即使只占0.01%的财产份额,也可以控制有限合伙企业的表决权。这就是通常说的利益共享,权利控制。

回到刚才的故事,老张要激励小胡,分给小胡10%的股权,可以设置一个有限合伙企业,让小胡通过成为有限合伙企业的有限合伙人间接持有公司10%的股权比例,而老张作为普通合伙人控制有限合伙企业的表决权,这样既可以让小胡分享公司的利益,又不影响控制权。

4. 股权比例和投票权比例分离模式。按照我国《公司法》第42条之规定,股东会会议由股东按照出资比例行使表决权;但是,公司章程另有规定的除外。也就是法律上允许股东一致协商修改公司章程,将出资比例或股权比例与表决权比例分离。比如引入复数投票权制度,给予公司创始股东复数投票权,让公司创始股东在决策时享有超级投票权。同时也可以规定在引进外部投资人的时候,限制外部投资机构的表决权份额,以现金流量权和现金分红权换取外部投资者的投票权让与。这在有限公司是可以操作的,具有法律基础。但是需要注意的是,基于股份有限公司"**同股同权**"的基本原则,如果公司形式是股份有限公司,这个方式目前在我国就不具备法律土壤。

5. **特殊一票否决权模式**。这种模式主要是通过先期的章程约定或者股东合作协议的约定,将一元化股权架构设计中1/3以上表决权可以否决的事项扩大,比如重大人事变更、具体战略方针变更、重大交易和担保等。这种形式在创始人股权稀释到一定程度后,可以通过掌握重大事项的决定权,在一定程度上把握控制权。

Q 如何设计董事会治理机制保障公司的控制权？

本节我们继续聊聊**控制权**的话题。

◎ **依旧来听一个故事：**

W先生是一家光电企业的创始人、大股东，创业之初各种投入和付出都很多。后来企业慢慢有了起色，随着产品研发的推进、创新和迭代，也开始有资本抛橄榄枝，市场形势越来越好，更有一些能干的有志之士聚拢在其麾下，团队也逐渐稳定了下来。

随着投资人的进入，公司治理层面开始完善。本来只有执行董事的状况也开始转变为董事会，公司董事有3人，W先生担任董事长、投资人股东委派1人担任董事、高管团队中的L先生担任董事。

董事会决议是一人一票的形式，投资人对于一些特殊事项约定了一票否决权，这些都问题不大。

问题出在董事会治理机制的设计上，关于董事的提名和选举、董事会的议事规则等治理机制都没有约定清楚。随着公司发展速度的加快，对于人才的能力也提出了更高的要求，原先的高管开始不适应公司的发展节奏。L先生最终离开了公司，并提出辞去公司董事一职。

那么新的董事人选如何产生呢，W先生犯难了。当初公司章程对于董事提名和选举约定比较模糊，W先生本想安排自己的心腹高管直接上任，这样有利于控制权的稳固，但最后不得不变成股东会选举产生新董事。虽说W先生在股东会上占大股比，但是选举的程序还是要按照流程进行，比直接指派复杂多了。

最终的人选也要考虑和综合各方的意见,控制权倒是未必会有实质影响,但是决策层面的效率还是在一定程度上受阻了。

听了这个故事,大家是不是觉得董事会的议事规则、董事的提名对于公司的控制权也是十分重要的呢?我可以肯定地告诉您,是的,十分重要,尤其是在股权比较分散的情况下。那么如何设计董事会的议事规则才能够保障公司的控制权呢?在经营权层面还有哪些方法可以巩固控制权呢?

为回应上述问题,我们来分析一下。我认为至少有以下方法和策略可以协助创始人巩固控制权。

一、董事会议事规则的设计

我国《公司法》第48条规定,有限公司董事会的议事方式和表决程序,除本法有规定的外,由公司章程规定。董事会应当把所议事项的决定做成会议记录,出席会议的董事应当在会议记录上签名。董事会决议的表决,实行一人一票制。

创始股东可以利用董事会议事规则设计,对有利于实现自身控制权的事项设计为简单多数通过,对危及自身对公司控制权的事项设计为特别多数通过,对可能严重危及自身对公司控制权的事项设计为全体董事一致通过,阻却对自身行使公司控制权不利的任何董事会议案。我建议,董事会的议事规则尽量写入公司章程。

二、董事提名权的设计

对此,最有名的案例当数阿里巴巴合伙人制度中的董事提名权,它的核心是阿里巴巴合伙人团队享有简单多数董事的提名权。虽然合伙人团队提名的董事仍需股东大会表决通过,但这种提名权的行使是无期限的,直到股东大会批准为止。尽管股东大会拥有否决权,但如果合伙人提名的董事未当选导致董事人数不符合章程约定的人数,或者原有董事因病、因事辞去董事职位,阿里巴巴的合伙人可以提名临时董事,其直接享有董事权利,直到下次股东大会再次选举出新的董事。

同时阿里巴巴的章程规定,章程中关于董事提名权的设计条款如果要被修改,需要股东大会95%以上的表决通过。这种双层设计其实很大程度保障了创始合伙人对企业的控制。如果刚才故事中的W先生当初设计董事提名权规则,后面的董事更替应该会方便许多。

三、完善监事会的权利和职能

监事一般享有提案权、股东会或者监事会的召集权、对于侵犯公司利益行为的相关诉讼权等权利。监事会是现代公司治理结构中的制衡机构，非常重要，现在很多企业都忽视了这一机构对于公司控制权的作用。我认为对监督权做一些先期约定，可以在一定程度上强化创始人对企业的控制权，同时建议创始人对于监事的提名和选举也做一些安排。

四、经营管理层面的任免权控制

关于企业高管的任免权，按照公司法的相关规定，经理的选任、经理提名的副经理和财务负责人的选任均属于董事会的决议职权，所以创始人也可以通过对高管的任免权做一些设计来加强核心人才的控制，从而进一步巩固经营权的控制。

在公司的经营与扩大过程中，作为创始人，除了关注企业的商业模式（价值创造）之外，还需要关注组织中的角色定位（价值评价）和最终利益的分配（价值分配），更需要平衡好三者之间的关系。企业的控制权将直接影响公司治理和利益分配问题，无论对于企业还是股东都至关重要，创始人不能忽视这一点。

2

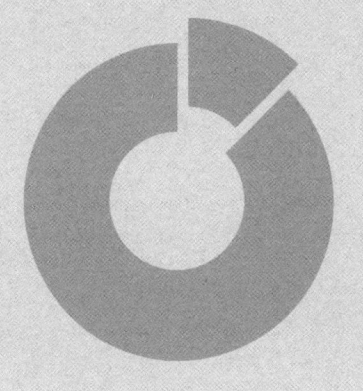

股权激励篇

Q 股权激励的退出机制该如何设计？

本节我们来聊聊**股权激励的退出机制**。

◎ 今天我讲的故事就与我们团队最近正在负责的一个股权激励方案设计有关。**故事比较简单：**

一家老牌科技公司的几个创始人都是高校老师出身，他们知识渊博，技术卓越，有的创始股东以软件著作权出资。但是他们没有管理经验，后来引进了一个股东，擅长经营管理。没想到，后来在公司经营理念上大家出现了分歧，最终引发了股东之间的争议，擅长管理的股东退出了公司经营。

因为前期没有任何约定，所以虽然该股

东离开了公司,但股权却没有退出来。由于这个问题没有妥善解决进而引发了一系列连锁问题,直接影响了公司的股权架构、股权分配和利益分配,大股东受到了深刻的教训。

这次委托我们制作关联公司股权激励方案的时候,大股东再三强调激励对象的退出机制一定要**合法、合理、有效**。那么是不是只有创始人、大股东关心股权激励的退出机制呢?非也。针对有限公司的股权激励,其实**激励对象也会关心其退出机制**。因为有限公司的股权退出通道并不通畅,不能像上市公司那样在股票二级市场直接流通,所以激励对象会非常关注股权激励的变现,即退出通道。

我认为,创始人和激励对象在股权激励方案中对于退出机制的重视,是对彼此负责的表现,毕竟股权是根本问题,开不得玩笑,也经不起折腾。

这个故事涉及的问题不言而喻,就是关于股权激励的退出机制。那么要做到好聚好散,**股权激励的退出机制究竟该如何设计呢？**

关于股权激励的退出机制,一般来说分为**被动退出**和**主动退出**。

被动退出主要是指激励对象出现一些情形进而导致失权。我在给企业进行股权激励方案设计的时候一般会区分无过错退出、一般过错退出、重大过错退出,同时结合不同的股权激励方案来做出区分约定。

一般来说,激励对象因退休而离职或者丧失劳动能力而离职属于**无过错退出**的情形。又比如,公司因为客观原因终止股权激励计划而导致激励对象退出的情形,也属于无过错退出。

如果激励对象因不符合公司要求而被辞退,或者激励对象因自身原因提出离职,我们把这类情形归为**一般过错退出**。当然这个不是绝对的,有一些设计方案把不符合公司要求的情形也归为重大过错退出,这没有严格的界限。

重大过错退出一般有以下情形:激励对象严重违反适用于公司的法律、法规或公司章程;激励对象有违法行为,且受到刑事处罚;激励对象有不忠于公司的行为,比如从公司辞职并受雇于与公司业务有直接或间接竞争的其他公司或实体，或从与公司的关联交易中获得利益。激励对象实质违反他与公司之间的任何协议，包括但不限于**泄露公司商业秘密等保密信息，违反公司规章制度并给公司的财产、声誉或其他员工或董事造成损失、损害或伤害，有其他任何对公司业务、声誉或财务状况造成不良影响的行为**。

总的来说，正如世上没有一模一样的两片树叶，不同的退出情形，对于股权激励方案的处理当然也不同，通常设计的重点就是股权是否回购、回购的期限、回购的价格、是否存在赔偿问题等。

一般针对无过错或一般过错退出，未成熟的股权可能是以原始出资价（如有）回购；已成熟的股权可以设定立即回购或者2年后回购，一般回购价格至少应当保证本金加一定的收益。

如果是过错退出，那么可能就是原价回购，或者以原价减去赔偿损失的价格来回购。我还是倡导，这些退出机制的先期设计必须和激励对象商量，合法、合理，同时还要**双方认可**。

除了被动退出，还有一个**主动退出**的问题不能忽视。我们在设计股权激励方案的时候一定要考虑这个环节,否则直接影响激励的效果。主动退出主要是激励对象自己要处理股权,希望变现获得收益。每个公司的具体情况不一样,股权激励方案设计的主动退出通道当然也不同:**有的企业设计上市为唯一退出通道;有的企业设计并购为退出条件;有的企业允许内部一定程度的流通退出;还有的企业现金流比较充沛,可以设计满足一定情形后由企业或者大股东兜底回购的退出机制**;等等。

每个企业的具体情形不一样,退出机制的设计细节也会有所区别,还是希望大家根据自己的实际情况制定具有可操作性的退出机制。

Q 面对高管跳槽,如何巧用股权激励?

本节我们来聊聊**股权激励的模式**。

◎ 照例先来听一个小故事:

一家互联网教育公司的创始股东M总愿意拿出20%的股权来进行股权激励。

他公布了一个股权激励的方案,即公司每年度末进行业绩考核,授予核心员工虚拟股权。激励对象可以按照获得虚拟股权的数量享有分红的权利,并且当获授虚拟股权达到一定数量后,经公司考核合格,再加上续签劳动合同3年,即可获得购买实际股权的资格。激励对象以合理的价格出资购买股权即可获得股东资格,公司配合进行工商变更登记。

公司的技术部负责人Z总符合上述条件之后,出资购买了公司3%的股权,并进行了工商变更登记。

但是,1年之后Z总跳槽了,创始股东M总不乐意了,他认为当时制定方案的意思表示是获得实际股权的对价应该是激励对象最起码要在公司再干3年,但实际上Z总只干了1年,股权当然得回购。

Z总却不以为然,他认为符合获得实际股权的条件是持有虚拟股权达到一定数量,并且考核合格后再签3年的劳动合同,至于劳动合同实际履行情况并不是股权授予的条件,而且不能限制择业自由。

同时,自己也真金白银出资了,离职是因为其他方面的原因,自己获得的股权不应该还回去。最后双方争议成讼,法院经过审理,支持了激励对象Z总的观点。

这就是故事的结局，相信大家会有很多困惑，觉得既不合理，也不公平。其实啊，我想说，如果股权激励的模式没有选好，无论对企业还是对企业家来说，股权激励都是砒霜，未必如大家所想的那样是蜜糖、是良药。那么问题来了，这个故事中的股权激励方案出了什么问题？

我们都知道，股权激励的核心目的除了激励人才、分享企业的增量价值以外，留住核心人才也是最主要的目的之一。故事中的股权激励显然没有达到这个目的。那么，有没有更好的模式可以替代故事中的激励模式呢？

想回答好这个问题，我觉得应该先和大家聊聊**有限公司实施股权激励的两种最简单的模式——虚拟股权和期权**。

所谓**虚拟股权**，顾名思义，是没有实际股东权益的，也不在工商层面登记，比较灵活。虚拟股权只在企业内部登记，就是将企业的股权虚拟为一定数量，然后激励对象按照持有的虚拟股权数量比例享有对应的利润分红权。另外，若企业的股权增值了，虚拟股权同样增值，所以虚拟股权还有一个增值权。但虚拟股权不同于实际股权，没有相应的投票权、表决权等与实股对应的权利。

期权，通俗地说就是"月饼券"，期权在授予的时候是一种资格,并非现实股权,授予的当下自然没有分红权、投票权,也不办理工商登记手续。但是只要满足一定的条件,就可以按照约定的价格在未来的某个时段"提货",即购买股权,所以期权在香港被称为**股权认购权**。对于期权来说,我们通常分为四个阶段:**授予—成熟—行权—退出**。

这里的成熟一般是按照时间和考核机制来确定的,一旦符合成熟条件就赋予激励对象出资购买股权的权利。一般来说,期权都是分阶段成熟和行权。期权行权以后就可以在工商机关登记,激励对象就具有股东身份,当然也就享有实股股东应有的权利。

了解这两种股权激励最基本的模式后,我们回过头再来看这个故事,如果故事中的股权激励模式不是虚股直接转变为实股,而是虚股加上期权会不会更符合M总的初衷呢?

我们来看一下这种组合模式的结构:同样也是符合一定的业绩考核,公司授予激励对象一定数量的虚拟股权,当虚拟股权达到一定数量后,经公司考核合格授予激励对象一定数量的期权,分期成熟和行权,比如每年成熟1/3,分3年成熟,允许激励对象以授予时候的价格出资购买。这样激励对象最终还是可以获得公司的实际股权,但时间上是不是正好符合了M总的初衷？

如果Z总干了1年离职，他充其量行权1/3，不可能带走全部股权，同时股权激励方案中如果再加上我们前面谈到的股权激励退出机制，那么就不会出现故事中的分了权还走了人的尴尬局面。

Q 0元购股当股东,还有这等美事?!

本节我们来聊聊股权激励对象要不要出资的话题。

◎ 说起这个话题,我们先来听一个故事:

阿创解决了合伙人股权架构的问题,准备实施股权激励。

但是在股权激励要不要出资的问题上,公司又遇到了麻烦。阿创觉得既然认同公司的发展方向,吸收员工成为股东,员工当然要掏钱,创始人和联合创始人都出资了,凭什么激励对象不出钱?

不出钱的东西激励对象也不会珍惜,更没有约束。要成为利益共同体,就要出资,大家共担风险。可是,偏偏在实施股权激励的时候,高管王总却不这么认为。

他觉得股权激励的本质就是激励自己好好干活,阿创作为公司的老板应该**格局大一点,大气一些,不应该让自己出资**。如果是出资投资公司,那就不对了,自己又没有多少钱,更多的是人力投入,如果有钱,那自己可以投资上市公司啊,股权流通可比有限公司的股权流通方便多了。

最后,由于股权激励的定价问题,公司的股权激励方案搁浅了。

听了这个故事,大家是不是觉得有点懵,好像两个人的说法都有点道理。**那么股权激励,激励对象到底要不要出资,如果出资,应该怎么定价呢?**

其实,这个故事中两个人的想法都没有错,屁股决定脑袋,定位决定思路,两个人都是站在自己的位置上去考虑问题。我们认为股权激励要不要出资的问题,不是谁去决定,也不是谁一定对。

股权激励的本质是**创始人、合伙人与员工**成为一个利益共同体,朝着一个方向努力。如果就定价的问题各持己见,互相博弈,最终股权激励的效果一定会打折扣,事与愿违。在这个问题上,我的建议是重视沟通,如果可以聘请独立的中介方来谈更为妥当。可以从以下四个方面去沟通:

第一,共同的梦想很重要,股权的重要性和稀缺性需要**聊透**。这中间涉及创始人的格局,也涉及激励对象的选择。雷军说过,对于创业企业而言,最重要的就是梦想和股权。股权蛋糕切一块,少一块,只有100%,没有101%。

第二,企业的价值决定了股权的价值,未来的预期也要**明示**。激励对象对于股权的定价有疑惑很正常,因为他们只是员工,对于企业的现实价值和未来预期都不清楚。所以在聊股权激励定价问题的时候一定要有一个标准,公司的注册资本是否实缴?最近一年财务审计的净资产是多少?有没有投资人溢价入股?只有沟通到位,消除信息的不对称性,才能换来彼此的信任。

第三,用交换的规则来看待定价的问题。如果企业的价值能够让激励对象认可,那么他们有什么理由不出资呢?创始人和合伙人分出去的股权都有真实的投入,并且他们当初投入的时候比现在的风险大了不知道多少倍。这个时候,激励对象好意思不出资吗?

但是激励对象只是拿钱来交换股权吗?不是的。还要他们长期投入人力,也就是人力资本,所以他们的出资价格应该有所区分,应该有一个合理的折扣,这才是利益的对等。

第四,股权激励方案需要明确激励对象如何退出,公司的治理结构、责、权、利如何分配等。员工出资购买公司股权也是对自身财产做出的处分,当然有权利了解清楚股权激励的细则,比如自己将来想要退出要如何兑现、什么时候可以退出、实施股权激励后自己有哪些权利,了解清楚这些才能增加激励对象的安全感。**股权激励的价值感与安全感是紧密捆绑的,缺一不可。**

如果前述四点能够聊透,我认为激励对象是愿意出资共同奋斗的。**我也支持股权激励,激励对象一定要出资,但是出资必须合理,必须两相情愿。**所以随之而来的问题是,出资如何定价?

这通常有以下四种方法:

第一，以注册资本为基准定价。当公司的注册资本等于或者略小于公司的净资产时，可以选择适用这种定价方式。

第二，以经财务审计的公司净资产为基准定价。这种定价方式通常是公司的净资产明显大于或者小于注册资本之时的选择，要注意这种基准定价需要聘请专业的会计师事务所做出审计或者评估。我们操作的案例中这种方式相对比较多，通常是净资产大于注册资本的情况。

第三，以投资人资本市场的估值为基准定价。这种定价方式通常是公司发展的前景已经获得了投资人的认可，已经有一个资本市场的估值了，那么股权激励可以以最近一轮风险投资进来时的每股价格作为参照依据。

第四，综合定价。就是综合考虑以上几种因素，结合企业发展前景、行业因素、外部环境等综合定价。

最后，大家要注意以上只是定价基准，对于激励对象的出资价格还是要考虑人力资本的因素，需要以一定的折扣乘以这个基准定价，此点不能忽略。

Q "金手镯"没戴好,高管和老板都叫苦不迭

前面我们在介绍有限公司股权激励的模式中重点介绍了虚拟股权和期权,其实在有限公司的股权激励模式中还有一种很重要的模式被广泛使用,那就是**限制性股权**(放在上市公司的股权激励场景中被称为限制性股票),今天我们就来聊聊限制性股权的话题。

◎ 老规矩,我们先来听一则小故事:

D总、W总、L总是一家高科技公司的高管,分管市场销售、商务推广以及技术研发,在公司风风雨雨很多年,算是老员工了,也为公司立下了很多汗马功劳。

公司创始人Y总打算对他们三位高管实

施股权激励,于是委托第三方服务机构跟三位老总做了一次沟通,大家协商一致确定选择限制性股权的模式来实施本次股权激励。

对于限制性股权,创始人Y总定下来三条线:**一条是时间线,一条是考核线,一条是解锁额度线(解锁额度线可以和时间线配合)**。

如果三位高管在接下来的4年(时间线)依旧留在公司工作(离职当然要引发退出机制,前面的话题我们已经深入分析过,这里不再赘述),并且考核指标都能通过,每年就可以解锁25%额度的限制性股权,直到全部限制性股权解锁。

但是,如果时间线和考核线中有任何一条线没有达标,则需要将限制性股权回转,也就是到手的股权要退回去,自然与股权捆绑的所有利益也就荡然无存了。

三位高管中,D总由于分管整个公司产品的市场销售,考核指标自然与销售业绩挂钩。由于D总立下了军令状,并且和股权激励捆绑,D总有了很大的压力,团队业绩如果完成不了,限制性股权就没有办法解锁。故而,股权激励实施后公司的销售团队非常积极,业务也一度蒸蒸日上。

但是没过多久,Y总就发现了一些问题,由于当初只设定了单一的考核指标,销售业绩确实大大提升了,但是回款率却放慢了,账期延长了,各项成本和费用也增大了,实际上公司的净利润并没有增长多少,这与当初设置考核条件的初衷并不完全统一。另外,由于当初设置考核的时候过于绝对,导致要么当年激励额度全部解锁,要么全部未解锁,激励效果大打折扣。

听完这个故事,其实问题已经比较清晰了。**限制性股权模式的基本形态是什么?如何设定限制性股权的解锁条件以达到公司和激励对象双赢的局面?**

我们先来回应第一个问题。如果把期权比作月饼券的话，限制性股权的模式其实与我们住房保障中的经济适用房有点类似。什么是经济适用房呢？就是你需要符合国家关于购买经济适用房政策的条件，符合这个条件你就可以以相对低廉的价格（比商品房的价格低了很多）出资购买经济适用房，产权也是登记在你名下，与商品房无差，但是这个房产你是不能任意处分的。

一是你不能任意出租。

二是在5年之内你不能任意出售，如果出售，你得缴纳很高的税赋。

细细回味，回到限制性股权这种模式，大家觉得是不是很相似呢？限制性股权就是你如果满足一定的条件可以出资购买这个股权，但是**并不完整地享有这个权利的全部权能**（至少财产性权利中的转让权受限）。只有达到一定的条件使得权利成熟解锁后，才能完整地享有这个权利的全部权能，自由处分，也就是通常我们归纳的授予—成熟—解锁—退出。

关于第二个问题，其实不仅仅是限制性股权，任何股权激励在设定股权激励的条件时都应该通盘考虑。我建议在定条件时，要**区分激励对象的层级**。如果是对于高管实施股权激励，一定要综合考虑两个条件，**一个是个人考核条件，一**

个是公司考核条件，这也是上市公司股权激励的普遍做法。公司的整体净利润或者其他财务数据必须纳入考核条件，否则会引导激励对象只考虑局部利益，对于公司的长远发展无益。

另外，根据我多年从事股权激励法律服务项目的经验，最好设置柔性的考核空间，不要过于僵硬。

举个例子：如果考核达标率在90%以上，当期限制性股权允许全部解锁；如果考核达标率在70%~90%，当期限制性股权允许解锁1/2等。

总之，股权激励条件的话题其实与人力资源的绩效考核有异曲同工之妙，可以和人事部门协同设定，也需要和激励对象达成一致意见。

Q 一纸期权成废纸,是不是持股形式选错了?

今天我想和大家聊聊股权激励的**持股形式**的话题。

◎ **照例我们来听一则故事:**

一家公司发展非常迅猛,涉足领域也很多,当然公司发展迅速的背后是员工的拼搏。为了激励和留住核心人才,创始人与公司的核心层都签订了**股权激励协议书,约定了期权的激励模式。**

这家企业的做法是签订股权激励协议书的时候事先约定搭建持股平台,成立有限合伙企业,然后由创始人和联合创始人在有限合伙企业里帮这些激励对象**代持股权,**等到激励对象的期权成熟可以出资行权时,再将有限合伙企业的财产份额转让给这些高管。可是市场总是变化莫测的,企业经营更是风险重重,公司涉猎面太广最终导致了资金链断裂。

公司创始人为了融资就将原本代持核心高管股份的持股平台转让了出去,由于这些员工都没有在持股平台里持股,期权并没有完全成熟,**所以当时的一纸期权就成了废纸,大家都愤然出走,离开了公司。**

我经手咨询或者设计的股权激励项目一般来讲有以下三种模式。

一、大股东代持

目前来说,大多数创业公司都有这样的认知:创业之初股权不能全部分完,需要预留,尤其应当预留一部分给未来的核心团队。这部分预留股权一般就由大股东来代持,认缴出资。

根据公司法的规定,股东按照实缴的出资比例分取红利，所以其他股东也不用担心大股东的利益分配权会变大，但该部分代持股权的表决权由大股东享有，这样可以做到大股东对企业控制权的把握。这种形式在企业成立之初的时候比较适合，但是等到企业真正开始实施股权激励的时候，如果还是沿用这种代持的形式，甚至激励对象行权后还是由大股东代持，那么**激励对象的价值感、安全感、身份感就无从体现**。

我们并不推荐这种持股方式。一方面，对于创业企业而言，股权代持本就不是长久之计，会影响股权架构的清晰度；另一方面，对于员工而言，这更加缺乏保护，员工会认为是创始人在"画饼"。

二、激励对象直接持股

这种持股方式的股权激励**价值感最强**，激励对象直接持有本公司股权，**身份感和安全感也很强**。激励对象可以和创始人一样根据公司法和公司章程的规定直接行使股东的各种权利，包括**表决权、选择管理者权和财务分红权**等。同时，这种持股方式只有一道税，税负相对比较低。

但是，这种方式**会影响创始人的控制权，影响企业的经营和决策效率**。同时，如果员工退出，就需要进行股权变更，手续比较烦琐，并且会影响公司将来的资本运作，影响投资人的进入。所以，这种持股方式目前大多数公司用的也比较少，除非是激励创始股东，将创始股东原有的股权进行调整。

三、成立持股平台间接持股

一般来讲，这分为**有限公司间接持股和有限合伙企业间接持股**。这两种持股方式都属于激励对象间接持股，通常创始人或创始人控制的公司会掌握持股平台的控制权，而把大部分利益分享出去，**激励对象作为有限公司持股平台的股东或者有限合伙企业的有限合伙人而享有主体公司的红利。**

通常这种持股形式目前最为普遍，尤其是有限合伙企业持股，由于税务方面也有优惠，被更多的公司在实践中接受和运用。相对来说，这种持股形式**对于创始人而言，不影响控制权；对于激励对象而言，虽然不直接持股，但毕竟在持股平台工商登记上具有法律身份，总是有权利的保障。**

以上大概就是目前激励股权三种比较常见的持股形式。其实在我看来，关于持股形式，大家完全不必太过纠结，一定要争取直接持股或者一定要代持。创始人和激励对象进行拉锯战，完全没有意义。还是该回到股权激励的核心和本质，**股权激励是人才激励机制的一种模式，归根结底是希望**

通过这种形式把组织中的人凝聚起来，心在一起最重要。

所以大家要换位思考，创始人要考虑企业的长远战略，考虑激励对象的付出，并保证其回报；而激励对象也要考虑到只有企业好了，大家才会好，手里的股权才会值钱，自己的利益和组织的利益是捆绑的。明白了这点之后，其实就是选人的问题了。

股权激励是双向选择，创始人要选对激励对象，激励对象要认可创始人。吴军老师在《见识》一书中有过一句话，大概意思是人的德行比人的才能重要。无独有偶，前段时间在混沌大学听许玉林老师讲课，他也提到一个组织中的成员分为四个象限：有能力有品行、无能力有品行、有能力无品行、无能力无品行。对于后两种人，必须剔除出组织，否则久而久之必会影响组织的文化和长期发展。

我非常赞同两位老师的观点，其实选人真的很重要，规则只有在对的人面前才能被良好运用，遇到不懂得游戏规则的人，再完美的制度和设计恐怕也难以成功。

所以回到上面的故事，不是股权激励的持股平台设计出了问题，也不是规则错了，而应该是"人"的问题。**"人"一旦出错，股权激励就失败了。**

Q 如何对经销商实施股权激励？

今天我想和大家聊聊关于**如何对经销商实施股权激励**的话题。

◎ **同样，先来听一个故事：**

> 李总是一家公司的创始人，他的公司致力于自主研发教育类系列产品，产品做得非常不错，李总与他的合伙人前期也投入了大量的人力和资金。在第一系列产品研发成功，准备市场拓展的时候，他们遇到了一个难题，**如何与加盟商合作**。
>
> 教育类产品与其他商业模式有一些不同之处，加盟商一般需要加入总部培训体系，进

而获得产品的教程体系、教本、课件等核心商业信息之后才能去复制,在各大城市开拓业务。而教程体系、教本、课件等在我国保护十分欠缺,目前只有商标法保护注册商标,或者作者拥有教育类书籍的著作权,而著作权法的保护相对有限。

所以作为总部公司,关于**商业秘密的保护以及如何与加盟商形成利益共同体,是亟须解决的重要问题**。李总平时也喜欢听一些股权课,参加一些商业创新类的活动,思路比较开拓,他觉得传统的加盟代理模式不是特别适合他的产品。他想对**经销商实施股权激励**,与合伙人一商量,大家都很支持,于是决定稀释一部分总部公司的股权给经销商。

但是问题又来了,他们不知道**如何对经销商实施股权激励,具体应该实施什么模式比较好呢?**

其实今天的故事啊，就是前段时间一个客户来咨询我的问题，因为涉及当事人的具体信息，我虚化了一部分内容。这已经不是第一个来咨询我经销商股权激励的客户了，总结下来就是两个问题：

一是什么样的企业可以给经销商实施股权激励？

二是如何给经销商实施股权激励？

■ 关于第一个问题

我首先认可将股权激励的实施对象扩展到外部经销商的想法，这将打通组织内外部关系，将利益共同体做大，非常值得肯定，也具有一定的市场需求。

但是，我同样认为不是每个企业都适合对外部合作伙伴（经销商）实施股权激励，股权激励一旦没有做好，可是砒霜，而不是蜜糖。

一般来讲，我认为一些消费领域，比如酒类、家具类、电器类等产业（当然也不仅仅局限于消费行业），如果产品、服务在市场上的推广渠道非常依赖经销商体系，则可以尝试实施经销商股权激励。从公开的数据可以看出，上市公司中格力电器、索菲亚、德尔未来、老白干酒、爱仕达等都先后披露过经销商持股计划。

回到我们前面的故事,我认为李总公司在教育产品的加盟商模式中嵌入股权激励是可行的。

■ 关于第二个问题

其实第二个问题才是今天的核心和重中之重。对经销商实施股权激励也需要遵循一些传统股权激励的原则,比如**模式选择、协定条件**(这里的条件主要是市场业绩),还有**定价、定量和持股形式**等问题。这些问题我们在前面章节中都有所涉及,大家有兴趣可以找一找。现在回到故事中李总的企业,我给出的建议是:

第一,目前企业第一系列产品才刚刚研发成功,企业发展还不够稳定,股权激励的实施时机尚未成熟,暂不能贸然制订具体的股权激励计划。但是时机未到不等于不用前期布局,目前是建立加盟商体系的好时机,必须在**加盟商体系中嵌入股权激励计划**,完善加盟合作协议的法律文本,传递给经销商未来股权激励的预期和目标。

第二,自身的创始股东必须形成合意,大家在股东合作协议中要一致认可股权的预留,给经销商的股权预留一定要明确。

第三，在传统加盟经销商的考核条件中思考加入股权激励的考核条件，现在不用着急制定股权激励考核条件，可以先看一年的外部加盟合作数据后再制定，这样更有底气和现实操作性。

第四，合作一段时间后（比如一年），市场逐渐摸清了，产品也逐渐完善了，此时可以与经销商充分沟通。推荐使用虚拟股权转期权激励的模式，先以分红的形式让经销商与总部的利益捆绑。在总部的品牌价值越来越大的时候，再给予经销商期权，效果会更好。

第五，出资的方式可以**更灵活**，并不必然是直接出资购股，可以以**销售增量**（这里注意一定是增量，而不是存量）达到一定数额直接赠与（这里并没有否认前面讲到的股权激励要出资的原则，因为经销商贡献销售量，对总部来说本来就有一个差价收益，这与内部核心员工股权激励还是有所区别）的方式来定价，并且同时实施先到先得原则。当然，同一时期必须控制经销商购股的资格，从而达到分层激励与总量控制的双重效果。

第六，合理安排**退出机制**。一般来讲，如果实施虚拟股权加期权的模式，时间上6~8年是比较合适的。此时如果总部公司未成功上市或者没有被并购(这个是可以和经销商先期约定变现条件的),则总部公司可按照行业标准设计相应的销售达量返利,从而降低经销商的风险。

总之,经销商股权激励还是一个比较新的话题,欢迎大家发表自己的观点和实操意见,我们共同探讨,一起进步。

Q 高管离职,期权纠纷带来的思考

本节我们来聊聊股权激励的法律关系和法律适用。

◎ 同样先来看一个小故事:

杨总是一家跨境电商公司的创始人,主营业务是在亚马逊等平台从事跨境贸易。别看只是贸易公司,因为起步早,公司成立十多年,材料供应商关系相当稳定,公司还在多个国家注册了商标,生意做得非常红火。

由于公司效益比较好,人才也非常紧俏,所以杨总决定对公司的核心元老实施股权激励措施,其中包括采购主管老李。杨总听了几堂股权课,觉得自己公司股权结构比较简单,规模不大,人数也不多,就自己做了方案,给了老李期权激励,并且在劳动合同中做了约定。后来,老李因为一些原因离开了公司,对于授予的期权双方因理解不同而引发了矛盾,这到底属于劳动争议还是合同纠纷呢?双方各执己见。

这次故事的问题很简单:

一是股权激励的双方究竟是什么法律关系呢?适用哪些法律条文呢?

二是实践中为了捋清法律关系,我们可以怎么做呢?

■ 关于第一个问题

实际上在司法实践中,股权激励的法律关系确实存在争议,通常有两种观点:一种认为是劳动关系,一种认为是合同关系。

劳动关系主要是从劳动者和用人单位的身份关系考虑,认为股权的获得与劳动者的劳动付出是捆绑的,这不无道理。但是我认为**股权激励的本质还是在于"股权"，因此属于公司法的调整范畴**。至于获得公司股权激励的对象是否与公司存在劳动关系并不是核心问题，不能以既是股东又是员工就直接认为必定受劳动法律关系的规范。

诚然，激励对象获得股权激励与劳动关系密不可分，**但股权并不属于法定的或者正常的劳动报酬**。

一般来讲，股权激励中的期权或限制性股权均需要激励对象出资购买，这个时候激励对象不再是单纯的员工角色，而是作为股东（不管是直接持股还是间接持股）参与到了企业剩余价值的分配，**这当然不是单纯的按劳分配**。

同时，股权激励的来源通常有两种方式：一是股权转让，一是增资。

如果是**股权转让**，那么股权激励相关协议书的合同双方为让与股东和激励对象，涉及的就是公司股东的股权让与问题，不属于劳动争议处理范围。

如果是**增资**，那么就是激励对象、公司与原股东一起签署增资协议，还是涉及股权问题，而不是劳动关系问题。

同时，股权激励是双向自愿的，并不是自上而下的。实际上，激励对象也完全有权利选择不行权或者不购买，并不受员工身份的限制。而股权激励协议书中双方的权利和义务的核心内容也应该是对等的,激励对象努力完成业绩目标,创始合伙人将公司的股权"蛋糕"分配给激励对象。

透过现象看本质,基于上述的本质特征,股权激励的法律关系应属于**平等主体之间的普通商事合同关系,并不归属劳动法律关系,**应遵循合同法、公司法或证券法等相关法律法规的规定。

■ 关于第二个问题

我认为在设计股权激励方案的时候需要注意以下几点:

股权激励的相关制度和协议书应与劳动合同等严格区分,切忌混为一谈。像前面故事中的杨总把激励协议书作为劳动合同的一部分是不可取的,也容易混淆法律关系,建议不要在用工管理制度或者劳动合同中加入股权激励的内容。股权激励的方案设计应尽量委托专业的机构或者律师来协助完成,若为了省力省钱,后期效果不佳或者出现争议就得不偿失了。

股权激励的相关法律文件要严格按照公司法、合同法或证券法等相关规定制定、签署和履行。即使方案部分自己设定，法律文件部分还是建议找股权律师把关，毕竟涉及股权无小事，公司的基础和根基就是股权，千万要慎重。

法律文件部分再多说两句，**制度可以由公司制定，但是协议书部分（以期权为例）一定要区分授予和行权**。授予的时候可以以公司、公司董事会或股东会名义与激励对象签署，但是行权的时候一定要区分情况。如果是股权转让，一定是让与方和激励对象签署；如果是增资，那就是股东会决议，还要有公司、原股东、激励对象的增资协议，这些法律文件都是明晰商事合同关系的重要材料。

沟通互动必不可少。沟通很重要！沟通很重要！沟通很重要！重要的事情说三遍，我帮助企业设计股权激励方案的亮点就是不仅帮助企业出具法律文本，还挖掘企业的深度需求，挖掘和引导创始人、合伙人、激励对象的诉求，然后才是法律文本的落地。

法律文本的有效性、严谨性固然重要，但是有限公司的股权激励核心是**效果**。要适合企业的发展阶段，方案必须做到考虑各方利益，共赢才是关键！

Q 如何巧用虚拟股权激励？

本节和大家聊聊**虚拟股权激励方案的设计要点**。之所以谈到这个话题，主要和我最近遇到的实操项目有关，所以借此机会抛砖引玉，谈谈方法论和实操经验。

◎ **照例先来听一个小故事：**

> 这几年人们生活水平不断提高，美容行业机遇和竞争也开始慢慢凸显。王总是一家**连锁型美容机构**的创始人，由于其涉足这个行业比较早，引进的美容设备也比较先进，所以发展还是比较快的，在一个城市开了好几家连锁门店。
>
> 但是近几年发展速度开始放缓，主要原因

在于人才的管理不当,尤其是店长的引进和培养工作做得不好。王总开的这几家门店店长的流动性比较大,而且经常遇到好不容易培养的一个人才不是自立门户开小美容店去了,就是被其他公司挖走了,这让他头痛不已。

另外,还有一个现实问题,**就算好的店长培养出来,通过高薪留住了,老店长也不肯带新徒弟,新的门店又要重新培养,这同样让他烦恼万分**。一次偶然的机会,他听了几堂股权激励的课程,王总觉得虚拟股权激励方式很适合他的企业现状,但是具体细节又不知道怎么做。

这个故事其实就是一个引子,问题已经浮出水面了,就是:

一是什么样的企业比较适合虚拟股权激励模式?
二是虚拟股权激励方案设计的细节要点是什么?
三是故事中的老带新可以通过虚拟股权激励实现吗?

■ 关于第一个问题

我们先来回顾一下虚拟股权激励模式的概念，即公司授予激励对象一定数额的虚拟股权，激励对象即可享有与虚拟股权数量对应的分红权利和增值收益权。

也就是，虚拟股权将股权的所有权和收益权分离，**激励对象获取的虚拟股权只有分红权和增值收益权，而没有完整的所有权**，比如表决权、参与决策权等。

那么什么样的企业比较适合虚拟股权激励模式呢？一般来说，这和虚拟股权的两项权能有关，即**分红权和增值收益权**。

虚拟股权这种模式对于企业的净利润和现金流要求会比较高，而且相较于期权和限制性股权，虚拟股权更**偏重中期激励**，每年的分红收益是激励对象比较期待和关注的。

同时，虚拟股权相对比较灵活，无须进行工商登记和更改公司章程，对外无公示效力，激励对象离开企业即失去继续分享企业价值增长的权利，这也是虚拟股权很重要的一个特点，也是很多创始人比较认可它的一个重要原因，因为不影响企业的经营决策和实质股权架构。

所以故事中王总的美容机构是符合这个要求的，可以实施虚拟股权激励。总结来说，**经营利润比较稳定、现金流比**

较充足的企业，同时由于创始人自身原因或者原来的股权架构历史原因暂时不能实施或不愿进行实股激励的，可以选择适用虚拟股权激励模式。

■ 关于第二个问题

虚拟股权激励方案设计的细节，我认为包括激励的份额、考核的条件以及具体的内部实现方式。展开来讲就是：

第一，对于激励对象的贡献如何评价，原股东在企业的经营利润中拿出多少的份额实施激励会比较合适，这是**具体问题具体分析的环节**，我无法给出标准答案，但我可以提提自己的意见。我认为，通常激励团队尽量去分未来的增量会比拿出原有的份额给大家分存量更好一些。这样才能拿未来的钱来激励现在的员工加倍努力付出，实现企业目标。

第二，具体设置的考核条件应当符合企业的发展过程和商业模式，应当**兼顾当下和长远的企业利益**，而不仅仅只是眼前这几年的现实利益。考核条件应当是激励对象和企业可能实现的，好高骛远的条件是不推荐的，也会影响激励方案的实施。

第三，关于具体内部的实现方式，财务上要让激励对象拥有知情权，分红与奖金最大的区别是前者为利润分配，后者为管理费用。所以既然给予分红权，**企业的经营数据一定要公开**，否则就是画大饼和忽悠了。

另外，一定要合理兑现，可以**延期支付**，但要事先和激励对象商量，在法律文件中明确兑现的时间和方式。同时关于增值收益权的兑现，除了财务清晰、透明外，还需要构思好内部流转或退出的通道，这也是非常重要的。

■ 关于第三个问题

我曾经做过类似的成功案例，所以比较好分析，我认为是可以通过虚拟股权模式来实现老带新的。

一般就是设计多层激励分享机制，比如**实行人才培养计划**：

一是在对老店长的考核条件中加入人才培养的要求，例如需要培养出一定数量的拥有管理和业绩能力的新人。

二是在激励份额中设定老店长带出新店长，新店长完成考核、获取新店分红时，老店长除了老店的分红权外，可以获取不是自己直接管理的新店的分红权。

这样的激励和考核并存模式可以很好地实现传、帮、带，实现人才的管理和培养。

Q 是否所有员工都吃股权激励这一套？

◎ 我们先来听一个小故事：

C总和S总一起创业，2015年成立了一家教育服务公司，主要从事**留学服务**。公司初设的时候人员不多，大概七八名员工，职能分工比较明确，主要分咨询顾问、辅导老师、文书设计等岗位，**管理也相对扁平化**。

公司成立半年后，C总招来一名核心主管小A，小A各方面能力都不错，比较符合公司现阶段对核心管理人才的需求。

为了留住和激励人才，C总口头承诺赠予小A公司10%的股权，但是没有签署任何法律文件。起初小A很激动，做事情也很有激情，经常自发加班加点，像打了鸡血。但是好景不长，隔了几个月，C总承诺的股权还没到位，小A就有点不舒服了，终于忍不住找到C总谈了一次。

这次谈到了细节，C总同意赠送公司10%的股权，但是不变更工商登记，由C总来代持，小A可以就公司的重大事项发表意见，但没有表决权，小A离职的话，这个10%的股权就要还给C总。

这次谈话以后，小A觉得被忽悠了，说好的实股变成了虚股，那之前为什么不说清楚呢？再说了，本身自己看重的是合伙人的身份，是可以一起创业，把公司做大做强，公司目前还指不定有没有利润呢，**虚股有什么意义呢**？于是不久以后，小A就黯然离开了公司。

这个故事实际上很有现实意义，主要问题就是：

一是 C 总的股权激励为什么没有效果，问题出在哪里？

二是股权激励操作的流程该如何正确打开？

其实，股权激励之于企业并不必然是蜜糖，如果操作不当，也有可能是砒霜。我们先来看看故事中的股权激励问题出在哪里。

■ 关于第一个问题

关于股权激励的选择时机，我始终认为真正激励人才的不是股权本身，而是以股权为载体的企业的未来。如果企业不值钱，给再多的股权都没有任何意义。激励对象之所以觉得有价值是基于**企业有未来和对创始人信任**这两个前提，缺一不可。

创业初期，如果企业的商业模式都没有完全定型，成长性也没有很好的展现，对于企业而言，这个点就开始做股权激励不是很好的时机，公司价值都没有很好地体现就匆匆开始激励人才，往往事倍功半。

根据我们的经验，公司在有重大事件（通常与公司的价值息息相关）的时候进行股权激励效果会比较突出，比如：最普遍的准备上市；或者公司遇到股权融资，有资本进入；或者公司的新产品成功上市；又或者公司业务上了新的台阶；等等。

股权激励的模式必须明确。C总第一次找小A谈话的时候没有说清楚股权激励的模式，对于小A的心理预期也没有进行深入了解，导致双方对于股权激励的模式认知发生了偏差，这是致命的错误！C总想到的是给予小A虚拟股权，而小A以为是实股激励。不同的激励模式方案设计的细节全然不同，相去甚远，一开始就稀里糊涂，股权激励当然没有效果。

没有充分的沟通，也没有任何法律的保障。虽然C总和小A有过沟通，但是却没有进行有效、充分的沟通。小A比较看重企业的未来，希望和企业共同成长，成为真正的合伙人；而C总只愿意出让企业的分红利益，给予的不是小A想要的，这就直接影响了股权激励的效果。

另外，C总决定实施股权激励也没有任何的决策流程，没有和其他合伙人商量，也没有制定任何法律文件来保障各方的权益，激励对象便没了安全感和参与感。

激励股权没有出资。白送的东西未必就是好的，这点在前面讲到股权激励的出资话题中都有涉及，这里不再赘述，大家有兴趣可以翻看前面的话题。

■ 关于第二个问题

关于股权激励的流程，其实也是股权激励方案重点关注的部分。人力资源教授许玉林老师说过，人力资源管理的**过程和结果缺一不可**，有时候过程更重要。我也非常认同，一般来讲，如果委托我们专业服务机构来协助实施股权激励，服务流程主要分为准备阶段、调查阶段、设计阶段、实施阶段和调整阶段。

如果是企业家自己来做，我认为股东会会议通过股权激励事宜、了解激励对象心理预期、股权激励方案的设计、人力资源部配合出具的股权激励考核条件、双方签署法律文件、财务部门配合完成股权支付、工商变更等流程是必不可少的。

流程的制定是为了更好地实现股权激励的目的，更好地保护双方的合法权益，有效促进股权激励的实施效果，大家务必重视。

Q 巧用竞业限制,平衡激励和控制

想和大家聊聊**股权激励与竞业限制**的话题。

◎ **咱们照例先来看一则故事:**

  一家股份有限公司处于上市前三年的冲刺期,为了保证团队的稳定性,留住优秀人才,制订了限制性股票激励计划,当时的激励对象主要是公司及下属控股子公司的高级管理人员和主要业务骨干。

  公司与拿到限制性股票的高管协商签署了一系列法律文件,其中一份文件规定,**自承诺函签署日至公司上市之日起三年内,激励对象不以书面的形式向公司提出辞职、不连续旷**

工超过七日、不发生侵占公司资产并导致公司利益受损的行为,若违反上述承诺,自愿承担对公司的违约责任并向公司支付违约金。

次年,部分拿到限制性股票的高管先后向公司提出辞职申请,并跳槽至主要竞争对手的公司。

第三年,这家股份公司上市后对这些高管就法律文件中约定的违约责任一事向法院提起了民事诉讼,要求判令各被告分别赔偿巨额违约金。

最后法院认为,虽然承诺中有关于"不以书面形式向公司提出辞职、不连续旷工七日"的表述,涉及劳动者应遵守的劳动纪律,但这并非劳动者为了获取工作机会而做出的承诺,承诺内容并非公司与激励对象对劳动合同的补充,而是在激励对象获得了以优惠价格购买公司股权的资格后做出的承诺。

公司一方面给予激励对象以优惠价格购买股权的资格,另一方面也要对激励对象的行为进行一定的约束。激励对象在确认将其持有的限制性股权转换为普通股权的同时做出的承诺,是股东基于认购股权对公司的承诺,激励对象以其承诺换取股权收益,故适用公司法、合同法等法律法规。

判定该承诺函具有法律效力,大部分支持了公司的诉求。

除了股权激励的退出机制,这其实也涉及另一个重要的话题,就是**竞业限制**。

一、什么是核心员工的竞业限制?

二、股权激励中的竞业限制约定与劳动合同法中的竞业限制有什么区别呢?

三、股权激励实施过程中的约束和激励究竟应当如何把握?

■ 关于第一个问题

《劳动合同法》第24条规定:"竞业限制的人员限于用人单位的高级管理人员、高级技术人员和其他负有保密义务的人员。竞业限制的范围、地域、期限由用人单位与劳动者约定，竞业限制的约定不得违反法律、法规的规定。在解除或者终止劳动合同后，前款规定的人员到与本单位生产或者经营同类产品、从事同类业务的有竞争关系的其他用人单位，或者自己开业生产或者经营同类产品、从事同类业务的竞业限制期限，不得超过两年。"

也就是说，从劳动法领域去理解竞业限制，主要是解决**高管、核心保密义务人员的同业竞争**问题。我们一般在给企业做劳动人事法律文件的时候，会更细化竞业限制的内涵和外延。

比如：细化为不得成为这些与公司生产、经营相同或类似产品或提供与公司相同或类似服务的相关公司或其他经济组织的高管、董事、雇员、独立合同方、代表、顾问、咨询服务提供者、合伙人、创始人、直接或间接持有股份权益的股东或其他所有人等。

又比如：外延扩充到不得利用职务便利为自己或其他人谋取属于公司的商业机会；未经公司董事会或股东会的批准，不得与公司订立合同或进行交易；等等。

关于第二个问题

第二个问题是建立在第一个问题的基础上的,我们认为劳动领域的竞业限制有三个特别值得关注的地方,就是对象选择、竞业补偿、竞业限制期限。

第一,不是每个员工都需要签署竞业限制协议,只有重要高管或者核心员工才需要签署,否则涉及面太广,无益于企业自身,竞业限制是有经济成本的。

第二,离职后的补偿问题,这通常最容易被用人单位忽略。如果劳动者离职以后,用人单位没有按月给予经济补偿,劳动者即使签署了相关法律文件也没有法律效力,等于白签。

第三,两年的期限不得逾越。约定时间过长无效,劳动领域的竞业限制只能规定离职以后的两年时间。

但是,我们认为关于股权激励中竞业限制的运用就没有这么多的约束了。因为股权激励并不适用劳动法律法规,可以自治,自由协商设定条件和时间,且无须离职补偿,因为利益已经包含在激励部分里面了,如果激励对象违约,可以把公司给予的股权差价收益收回,股权激励涉及的是股东承诺,而非单纯员工承诺。

■ 关于第三个问题

解决了第二问题，第三个问题就值得探讨了。我认为，股权激励的本质是激励，是分享。创始人与核心员工分享梦想，分享最值钱的股权，使得核心员工与创始人成为紧密的命运共同体。

所以大家共同设定的目标，要一起去分步、分阶段完成。但是任何人的问题、管理的问题、激励的问题，没有控制那就等于裸奔，没有任何保障。

所以必须在设定股权激励方案和相关法律文件的时候设计退出机制、竞业限制，这是**激励和控制的平衡**。

同时，股权激励法律文件的设定需要严谨、细致的考虑，一旦签署，对于双方都是承诺，双方都需要严格遵守。创始人要积极履行承诺，言必行，行必果；激励对象也要有这样的意识，必须正视股权激励法律文件的效力和自身的权利、义务。只有双方都形成这样的意识，才能共同推进股权激励的效果和创建企业美好的未来，最终实现共赢。

3

股权投融资篇

Q 火眼金睛识别你身边的投资人

从这一节开始我们将进入**股权投融资**的话题。在前面的股权架构设计篇中我们分别描述了创始人画像与合伙人画像，今天我们来聊聊投资人画像。

◎ 照例先来听一个小故事：

L是一家创业公司的创始人，公司注册资本为50万元，全部实缴出资。L的公司主要从事跨境电商业务，产品主要是眼镜类目。L的合伙人是他的同学，两人都很努力，创业一年公司业绩就有了起色。

因为看好L公司的未来发展，一次偶然的机会，L的表姐提出想投资公司，正好L也想扩大公司规模,于是与合伙人商量,两人都同意投资人进入。之于L与合伙人,他们关心的是投资人进来的**价格、条件和释放的股权比例**;至于L的表姐,除了关注**价格**之外,更关注的是**风险**,企业经营可以不管,但是亏了怎么办?经过几轮协商,双方达成一致:

1. L的表姐同意增资进入,按照1元1股的注册资本价格,L的表姐投资25万元,占公司股比33.3%;

2. 作为财务投资人,L的表姐充分信任创始人及其合伙人,不直接参与公司的经营和管理,但享有股东财务知情权和重大事项表决权;

3. L的表姐的股权投资不得随意退出,但是如果公司的经营业绩达不到一定的预期,L的表姐有权要求创始人与合伙人按照原始出资价回购股权;

4. 如果股东在公司经营理念上出现分歧或者有新的资本进入,赋予创始人主动回购的权利,即L有权在三年内以一定的溢价回购其表姐全部股权,结束合作。

看了这个故事,或许大家会有疑惑,对于股权投资如何定价、如何退出的问题,后续篇章会详细分析。今天我们主要来解决投资人画像的问题,也就是**投资人究竟如何分类、各自的特点是什么**。

一般来讲,就股权投资而言,分为**产业投资人(又称战略投资者)和财务投资人(又称金融投资者)**。

产业投资人比较关注项目和企业本身,着眼于获取长期利益,通常来说**力求控股、并购**,主要可能是业务产业链或上下游的原因寻求股权并购。

财务投资人则具有明显的**资本市场导向**,更多的关注行业周期和证券周期,着眼于3~5年的中短期收益,不求天长地久,但求曾经拥有。

财务投资人又可以区分为**天使投资人、传统行业投资人和专业风投机构**。

天使投资人的特点一般是抗风险意识不强,但是信任感强,对于投融圈**"投大钱、占小股"**的理念比较难接受。前面故事中L的表姐就是这样的角色,他们一般都是创业者身边的亲朋好友,很难接受溢价进入。

传统行业投资人的特点是对自身的行业比较了解,处理各种关系比较老练,看重钱和资源的价值,对于被投企业的控制欲相对较强,即使不占大股,也会对创业者的经营决策提出一些意见。

而大家耳熟能详的**红杉、IDG**这些机构就是**专业的风投机构**,通常是拿别人的钱投资,募资成本相对较高,喜欢投爆发性增长行业,**"投大钱、占小股"**可以接受,但通常会对被投企业提出业绩要求(即**业绩对赌**),非常关注退出机制,不会与企业白头偕老,只在乎被投期间企业的价值是否正数提升。

所以,站在创业者的立场选择股权融资,一定要对投资人的画像有清晰的认知,根据自身企业的特点、时期、规模选择**适合自己的投资人**。投资人的钱不好拿,千万慎重,与投资人的关系也很重要,务必关注。

Q 发新股和卖老股的区别

本节我们来聊聊**股权投资人进入**的通道。

◎ **先来听一个小故事：**

G总是一家精密电子设备公司的创始人，公司成立时注册资本为人民币500万元，均为实缴。公司成立三年，自主研发开创了3项产品专利，具备一定的发展规模。公司成立第四年，有投资机构抛橄榄枝，看好公司，希望投资公司。

双方约定好细节，投资人同意以投后估值3亿元的价格，投入公司3000万元，以**增资**的方式进入，占公司股权比例的10%。

投资人之所以同意这么高的估值当然不是没有道理的,是在做了历史尽调(包含商务、财务、法律)加上创始人承诺了公司未来的业绩之后做出的决定。

然而,公司的发展情况没有如预期般顺利,投后第二、第三年公司业绩均未达到先期约定的区间。所幸的是,公司整体趋势和发展还是正向的、良性的,所以有第二、第三家潜在的投资机构愿意继续投资公司。但谁都不是傻子,经济利益第一位,第二轮股权融资的业绩和估值需要调整。

原先投资协议里与第一家投资机构约定**下一轮估值不得低于第一轮的价格**,这个时候就尴尬了,企业要以目前合理的估值引进新的投资人该怎么办?

投资人股权投资的通道只有增资吗?还有没有其他的方式?

股权融资应区分卖老股和发新股。

卖老股在法律上即为股权转让。顾名思义,就是老股东将公司股权或股份转让给投资机构,股权转让款自然属于出让人,故投资机构的钱进入了老股东的口袋。

发新股在法律上即为增资。即全部老股东同意引进投资机构,投资机构以增资的方式把资金转入公司,然后投资机构进入股东层,原股东所有股权均被稀释。

这就是两者最大的区别,前者公司注册资本没变,公司没有拿到钱,老股东拿到了钱,当然会有相应的税款;后者公司注册资本增加了,公司拿到了实实在在的资金。

了解了这两种股权融资方式的基本概念和区别之后,我们再回过头来看第一个问题,或许就更具体了。

根据我为大量创业者提供股权融资法律服务积累的经验,我认为,一般来讲大多数投资协议都会约定反稀释保护条款[①]。

[①]反稀释保护条款也称反股权摊薄条款,是指在目标公司进行后续项目融资或者定向增发过程中,财务投资人避免自己的股份贬值及份额被过分稀释而采取的措施。通俗地说,就是不允许下一轮融资的股权价格低于本轮融资的股权价格。

这个也是投资人保护条款中普遍的一项。回到故事中，G总公司的情况也并不一定无解，可以区分以下路径协商解决：

第一，如果第一家投资机构还是愿意留下来的（一般投资机构的投资期限为3~5年，最长可能不超过7年，因为基金对投资者有一定的时间周期承诺），原股东可以与其协商，比如原股东拿出一定的资金作为经济补偿（当然这种方式不推荐，这等于创始人自掏腰包，即使要支付，最好也是延期支付）或者调整第一家投资机构股权比例，使得第二家投资机构的估值不低于第一家。

在故事中第一轮投后估值3亿元，打个比方，第二轮只有2.5亿元，那么就增加第一家投资机构的股权比例，使得两家投资机构的估值相同。

第二，如果第一家投资机构愿意留下来，创始人也同意，但又不愿意增加第一家投资机构的股权比例或者无法给予现金补偿，那么可以尝试与第二家投资机构协商以小部分股权**增资**的方式（按照不低于第一轮估值的价格）进入，大部分股权按照卖老股的方式（以较低的价格成交）进入，**这样综合计算不超出第二家投资机构同意的投资价格也是可以的**，但是这种方式要经过两家投资机构的认可。通常只有两家投资机构估值相差不大，大家都看好公司未来前景和充分信任创始人的时候，才有可能达成协议。

第三，如果第一家投资机构不愿意留下来或者创始人不希望第一家投资机构继续留下来，那么创始人可以与第一家投资机构协商回购股权。当然这个回购的价格很有文章，我们碰到的**一般是按照当初投资进入的资金加上一定的年化收益回购，最好回购资金支付时间延后，等第二家机构进来后再去支付。**

另外，第二家机构最好也是以两种方式进来，比如增资加股权转让，这样创始人可以用第二家机构买股的钱去回购第一家机构的股权，自身也不会背负很大的资金压力。

Q 投资估值有窍门

本节我们来聊聊大家最关心的**估值**话题。

其实这个话题不同的人会有不同的理解。会计可能更关注的是**计算依据和税收问题**，创始人可能更关注的是**资金的数额和钱进来的时间**，法务可能更关注的是数字背后的**逻辑以及风险管理**。

◎ 咱们照例来听一个小故事：

> X科技公司主要从事新能源汽车零部件产品研发。公司的创始人D总，技术出身，睿智、谦逊、勤俭；联合创始人C总，擅长运营和各种资源对接，聪明、专业、勤勉。
>
> 两人一起投入了一笔启动资金，就全身

心地投入企业,开始风风火火地创业了。经过一段时间的努力,公司的专利技术研发成功。接下来就是一个现实问题,从专利技术转化为产品,中间有大量的资金缺口,如何去寻找资金是摆在D总和C总面前的难题。

两人商量后决定尝试**股权融资**。由于公司所处的行业是未来比较看好的环保板块,公司又有自主研发的知识产权,所以X科技公司在资本市场上还是遇到了一些有兴趣的投资机构,进入了磋商性谈判阶段。

最后,一家投资机构进入了实质性谈判阶段。关于首要问题——估值,这家投资机构决定采用**市盈率(PE)**的方法计算(即:如果预估企业未来的扣非后净利润为1000万元,乘以8的PE倍数,投资机构愿意按照估值8000万元进入)。但这个预估可不是随便给的,除了谨慎的历史尽职调查外,还需要创始人做出业绩承诺。

所以投资协议的条款或者补充协议中有

"**业绩承诺与投资退还**"的条款,如果X科技公司无法完成业绩承诺,创始人需要按一定的比例退还投资款,它就是通常说的"**对赌**"。

这个约定非常厉害,等于创始人对投资人的风险做了"**兜底**"承诺。在估值和业绩的问题上,D总和投资机构谈判了好几轮。

作为创始人,肯定希望企业估值越高越好,因为拿到的钱会多一些。但凡事都有两面性,如果承诺过高的业绩,甚至是无法完成的业绩,那么创始人无疑是套上了一把枷锁,把自己搭了进去。

最后,经过几轮沟通,投资机构终于以一个合适的价格增资进入企业,也算圆满。

听了这个故事,主要有三个问题值得探讨:
一是投资估值的测算依据是什么?有哪些方法?
二是什么是对赌条款?如果必须接受需要注意什么?
三是在股权融资中估值是不是一定越高越好?

■ 关于第一个问题

一般来讲企业估值的测算有三种方法：成本法、收益法、市场法。

成本法是在目标公司资产负债表的基础上，通过合理评估企业各项资产价值和负债，从而确定评估对象的价值，一般适合实业企业。

收益法是将目标公司与可参考企业或者在市场上已有交易案例的企业、股东权益等资产进行对比，以确定评估对象价值。

市场法是通过将目标公司预期收益（现金流量、各种形式的利润或现金红利等）资本化或折现，以确定评估对象价值。上面故事中投资机构使用的估值计算依据就是市场法，也是目前创投圈使用比较普遍的一种方法。

■ 关于第二个问题

对赌条款，可以说90%的投资合同都会涉及，这也是司法实践中争议最大的一个条款。

目前的法院判例通说认为，与原始股东对赌有效，与标

的公司对赌无效。

所以故事中的投资机构选择了和原始股东对赌,具体就是把业绩和估值挂钩。这个条款主要涉及**对赌条件和触发责任**。

关于**对赌条件**其实有多种多样:可以是财务性指标,比如营业收入、利润总额、净利润、净利润增长率;也可以是非财务性指标,比如上市、用户数量、专利数量、网点。

我们提醒创业者,在和投资机构协商条件的时候一定要**注意合理、具体、可量化、可评测、统一会计准则、明确审计机构**等,不可忽视细节。

关于触发责任,主要有两种:

一种是现金补偿。这通常是投资人留下来继续合作的方式。原股东进行现金补偿或投资款返还,等于对投资机构原进入估值进行调整。

另一种是股权回购。这通常是投资人退出的方式,就是投资机构离开,原股东以投资机构投入的资金加上一定的年化利率回购投资人的股权,具体前面话题已有展开,这里不再赘述。

■ **关于第三个问题**

答案很明显了,我们认为估值的计算依据如果是和企业的未来业绩挂钩,当然不是越高越好,而是越切合实际、创始人越有把握越好。切记不能为了短期利益去牺牲长远利益,甚至搭上个人财产,那就本末倒置了。

如果创始人财务状况出问题,企业会好吗?显然不会。

所以无论站在创始人的角度还是投资人的角度,都不应该一味虚高业绩等财务数据,打肿脸充胖子,盲目抬高企业估值。回归商业本质,不忘初心、脚踏实地才是正道,大家共勉!

Q 做好股权投融资，尽职调查很重要

本节咱们来聊聊股权融资的开场曲——**尽职调查**。

◎ 照例先来听一个小故事：

Y总和Z总、M总一起创业，创办了MT公司，主要从事生物基因工程研究，公司的前期投入均是三位合伙人自掏腰包。

由于涉足的行业研发、运营成本都比较高，前期的投入要维持公司的长期运转有点吃紧。鉴于公司目前是轻资产型组织，办公场地等都是租赁的，研发的一系列知识产权需要一定的时限才能完成所有权登记，故而向银行等金融机构贷款比较困难。

于是三位合伙人商量着引进资本，打算股权融资。一家投资机构看了MT公司的资料后，有兴趣进一步洽谈和磋商。投资人在与创始人、合伙人初步洽谈后，对于公司的商业模式、运作情况、发展阶段有了一定的了解，开始对公司进行尽职调查。

三位创始人第一次接触股权融资，对于尽职调查并不清楚：

一是尽职调查具体包含哪些内容？

二是尽职调查的具体流程是什么？

三是该如何保护自身的合法权益，又积极配合投资机构？

我一一来回应和分析上述问题。

■ **关于第一个问题**

一般来讲尽职调查会包含**产业、业务、技术、财务、税务、法律、人事、股权**等多个维度。

对投资项目进行彻底和全方位的调查与分析,以了解项目创始人、合伙人陈述的信息是否真实、项目是否存在未知风险和隐患,也能对企业未来的发展战略、市场定位等重新评价。

根据尽调结果,投资人可能会直接拒绝投资,也可能有加大投资的意愿。若投资人决定参与投资,一般尽调之后会决定是否调整财务与业务预测、调整投资条件、调整投资架构等重要事项。

■ 关于第二个问题

一般来讲,先是签订前期协议,通常包含投资意向书、保密协议等;然后投资人会发送尽调清单,让被调企业准备资料,这样可以提高调查的工作效率;接着被调企业应按照尽调清单准备书面材料,发送投资人委托的专业法律和财务中介机构,这些专业的中介机构阅读、分析书面材料并提出问题,被调企业予以回应;之后就是现场考察,一般来讲投资人会访谈被调企业的创始人、合伙人、高管等,有的时候还会深度调查,比如去供应商、客户那里调查被调企业情况;最后就是分析资料,撰写报告。

■ **关于第三个问题**

因为有的投资人会约定独家磋商期,也就是排他性谈判,这个阶段不允许创始人、拟被投企业接触其他投资人,所以创始人一定要重视独家谈判的期限,至少要在投资意向书中约定清楚独家磋商的期限,以免融资未成功,耽误与其他投资人的最佳磋商时间。

另外,作为创始人还要重视保密协议的约定,对于企业的商业秘密、知识产权等做出全面的保密约定,毕竟尽调等于把家底拿出来让别人审查。

关于配合尽调的问题,投资人在尽调过程中会提出大量的问题,要求查验各种资料,企业方需要积极配合。如果有就如实提供,没有就实事求是,做出合理解释,不要拖延,更不要撒谎。总之,创始人与投资人之间坦诚最重要。

企业对尽调的配合度越高,越能提高投资机构的工作效率,还能让投资机构看出拟被投企业的人员素质和公司管理水平。同时,企业方也要不卑不亢,要学会提条件,不能让尽调没完没了,要约定**尽调期限**,一般是1~3个月。

这里给大家一个小贴士,也是我从一家客户单位那里看到的非常管用的一招:安排一位资深以及懂金融的高管与投资人保持对接、定期沟通。效果极佳,大家可以试试。

Q 三问股权融资——为什么,是什么,怎么做

市场竞争越来越激励,企业发展的窗口期也越来越短,资本在创业过程中发挥着越来越大的作用,比以往任何时代都大。今天咱们来聊聊:作为创业者,你想过股权融资吗?你能想到的只是融钱吗?

◎ **照例以故事中遇到的问题作为引子:**

AK信息技术有限公司系Y总、S总、L总三人共同创办,主要从事医疗领域的信息技术研发工作。

三位合伙人能力互补,各有各的优势和特点。当然,他们在公司经营过程中也并非顺风顺水,也是在不断遇到问题、解决问题的过程中艰难前行。

在企业发展到一定阶段后,**引入资本**的

话题开始浮出水面，必须三位合伙人商量做出决策。三位合伙人多次协商后，有一些困惑或者说分歧一直未能很好地达成共识。

主要是三点：

一是企业目前的状况适合股权融资吗？什么样的企业比较能融到钱？

二是股权融资真的只是融钱吗？还有其他考量吗？

三是如何找寻投资机构？或者说如何匹配到适合自身发展阶段的投资机构？

关于这三个问题，其实仁者见仁、智者见智。基于我在给企业提供股权融资商事法律服务时积累的些许经验以及自身的钻研，提出以下几点看法，抛砖引玉，欢迎大家批评指正。

■ **关于第一个问题**

我认为不是所有的企业都能融到钱，企业发展前景不好，财务数据不好看，恐怕融不到钱。**一般从收入和亏损区**

分，企业财务数据有以下四个象限：

第一象限，收入规模提高，亏损减少；

第二象限，收入规模提高，亏损增加；

第三象限，收入规模缩小，亏损减少；

第四象限，收入规模缩小，亏损增加。

一般第四象限肯定是融不到钱的，资本也不会投；第一象限是香饽饽，不去找钱，资本也会找来。通常我们遇到的创业公司属于第二、第三象限的情形，这两个象限一般资本比较青睐第二象限，**只要收入是正向的**，即使目前亏损比较大，但未来的可能性和可塑性也会比较大。

■ 关于第二个问题

股权融资当然不仅仅是融钱，我们认为作为创业公司，自身发展一定要保持健康，对投资人也要有所选择和区分，不能看到钱就拿，而不管**合作条件**、**融资协议条款**，这是引火自焚。

除了融钱，还要看资本可以带来什么资源，可能是**产业资源**，可能是**市场资源**，也可能是**行业背书**，比如红杉资本、IDG来投你，接下去可能投资机构来找你的会络绎不绝。

除了资源，我认为融资过程本身就是一次很好的**学习机**

会，创始人应该把融资当作梳理企业战略的过程。

因为融资就是和各个投资人交流，你会得到很多角度的对企业发展的建议和批评。只要是善意的，都是对企业有帮助的，多维度思考一定不是坏事。

■ 关于第三个问题

第三个问题比较大，一般来讲，比较早的创业企业会参加一些**路演**、**创业大赛**等，现在园区、孵化器都在搞这类活动，机会还是比较多的。

另外现在市场上也有很多机构，帮忙对接投资人和创业公司，但是一定要找到靠谱的、有真实案例的机构。

当然，也有一些客户行业比较特殊，会有资源方单独推荐或者定向推荐的情况。通常来讲，我们认为企业要进行股权融资必须未雨绸缪，平时要多接触投资机构，保持良好的关系，还要对投资人做一些反向尽调，了解他们**投资领域**、**投资喜好**、**退出案例**等，这些都是会有很大帮助的。

另外，找到规模、量级匹配的投资机构也非常重要。总之，适合自己的投资机构真的很重要，必须遵守市场规律，也必须遵守企业的生命周期。

Q 换位思考,投资人看重的是什么?

本节我们来聊聊:站在投资人的角度,股权投资最关心的是什么?

◎ **照例从一个故事说起:**

X教育科技公司是一家致力于互联网教育产品研发、经营的公司,创始人L总系公司的CEO,统筹管理公司,擅长市场及商务的推广、内部组织架构的搭建;合伙人H总担任CTO,擅长产品研发和团队管理。两人带领团队成功研发了一系列教育产品,并火速推广,公司发展非常迅猛。

公司成立一年多,就有相当资源背景的

资金作为天使投资愿意投资X公司,**同时投资清单中并没有对赌条款、回购条款等,条件相对宽松**,谈判也比较顺利。

经过初步尽调、创始人和高管访谈等流程,大家进入了投资合同的谈判阶段,最后X公司也成功拿到了天使投资的款项。那么为什么X公司的融资看似如此简单呢?站在投资人的角度,**股权融资究竟关心什么?关注什么?在乎什么?**

我们认为:

一是看商业模式及核心竞争力。这是商业的本质,必须是第一位的。

二是看创业团队。这个时代人力资本的重要性已经毋庸置疑。

三是看股权架构。股权架构是企业可持续发展的基础,同样非常重要。

■ 关于第一个问题

囿于我自身的专业局限和知识欠缺,关于第一项,我只能肤浅地谈一些自己的看法。我认为商业模式通俗地说就是企业靠什么挣钱。不同的行业有不同的商业模式,没有稳赚不赔的商业模式,关键是可以为客户、为社会提供独特的商业价值。商业模式要有自身的特点,具有一定的**独创性**。

同时,商业模式应当是可以落地的,空中楼阁、镜花水月是要不得的,那种没有办法形成闭环的所谓新金融商业模式也是不可取的,还是要脚踏实地、实事求是。

■ 关于第二个问题

关于第二项团队的问题,也就是人的问题,周鸿祎曾经说过,**一个公司最宝贵的资产不是理念,更不是宏大的规划,而是人。**

人是决定创业成败的关键因素,前面的文章关于创始人、合伙人的画像也都涉及了人的问题。这里我想从股权设计的角度再多说两句,就是**股权设计中股权激励机制的搭建可以在很大程度上解决人才管理和利益分配的问题**,"财散人聚"说的就是这个道理。

同时股权设计中动态调整股权、预留股权、股权激励等机制还可以解决公司人才新老交替的问题，完成事业的传承，所以人的问题与股权架构是分不开的。

■ 关于第三个问题

最后，我要来谈谈第三项**股权架构**，也是我的本行。徐小平老师曾说过，人生最悲哀的事情就是年轻的时候不懂爱情，创业的时候不懂股权。

诚然，我们团队致力于提供具有商业温度的股权法律服务，我们看过太多的股权故事，也经历了太多的股权事故。

股权之于创业的重要性已经不言而喻，同样股权架构对于融资也具有举足轻重的作用。可以毫不夸张地说，即使你的商业模式再好，如果股权架构没有搭建好，照样不会有人投你。

一般来讲，我们会系统地将股权架构分为**股权进入机制、股权调整机制、股权退出机制、公司治理机制和动态股权管理机制**。

我认为，不能要求每个企业在创立之初都拥有完美的股权架构，但是创始人应当有一定的意识，**将控制权、团队激励和预留股权嵌入企业初设的股权架构设计中，并且要有动态的股权架构管理模型**。这样，在专业的投资人面前至少不会因为股权架构的问题失分，甚至失去投资。

当然在恰当的时机选择专业的机构进行股权梳理和架构设计也是十分必要的，毕竟企业的任何发展阶段都离不开股权架构的设计。

股权融资实际上是一门大学问，作为创业者不仅要重视投资合同的各项条款，而且要重视合同履行过程中各种问题、变数的处理，各方面的持续沟通和交换意见都不容忽视。

Q 站在创业者的角度,解析股权融资核心要素

本节我们站在创始人的角度来看看**股权融资的时间、金额和股权比例**这几个核心要素。

◎ 先听一个小故事,算是我身边比较好的朋友的真实经历:

我的朋友L总原来是位专业人士,后全职经商,诚信、务实、专业、睿智,他经营的企业在他的手里也蒸蒸日上。

短短三年多光景,企业就开发了国内首创的医疗产品,并拿到了注册许可证,但是在股权融资这条路上,却屡屡受挫。

倒不是无人问津,而是企业创始人对于

股权融资没有经验,**对于资金进入的条件、金额**等问题没有重视,对于投资基金也没有进行反向调查,导致后来由于企业的战略目标有所调整,**投资人在退出问题上和创始人发生了比较大的分歧**,很好的一家企业受到了融资问题的影响。

这个故事有很多启发,先抛出问题:

一是股权融资的时间、金额和股权比例哪个应该摆在前面考虑?该如何衡量呢?

二是对于投资人是否需要做一些反向尽调,如何做?

■ 关于第一个问题

我们认为与企业所处的阶段有关,如果企业的发展阶段处于相对早期,那么我们认为**时间很重要**,确定性也很重要。我见过太多的股权融资细节都谈好了,但是合同没签,钱没进来,或者合同签了,钱还是没进来。

所以在早期的时候,创始人首先关注的应该是**资金进来**

的时间问题，以时间换空间。

等到企业发展到一定规模，企业有自己的造血功能了，这个时候可能时间的重要性就比资金的重要性小了，这个时候创始人应该更关注**资金的金额**，到底投资人愿意投多少钱、企业能够融到多少钱。

待到企业真正发展壮大，股权变得非常稀缺的时候，**资金、时间和股权比例**三要素，应当较真股权比例了。因为这个时候股权很值钱了，多给点钱或者少给点钱反而变得不那么重要了。

■ 关于第二个问题

我认为作为创业企业应该要对投资人进行反向尽调，至少要有个全面的了解，主要涉及以下几个方面：

1. 调查投资人的背景，是否存在**国有属性**，是否是基金或者信托，目前财务投资机构是基金性质的情形比较普遍。

2. 调查投资人的既往投资情况，包括**曾投资企业、投资行业、投资风格**等，这对融资谈判和投后相处都非常有帮助。

3. 根据需求，调查投资人的合作伙伴，包括律师事务所、会计师事务所等专业机构，这对了解投资人的做事风格、处事态度也很有帮助。

4. 如果投资人是专业基金,那么一定要**调查投资基金的年限**,这点非常重要。基金基本上都有年限,如果剩余年限不多或者本身年限很短,就会影响退出机制,可能会打乱企业正常的节奏。

5. 调查**基金的规模**,这点也很必要。比如一只基金规模1亿元,5000万元投你这里,那估计每天都会问你要财务报表,天天希望你赚钱,因为一半身家投你这里了。

6. 调查投资人**所涉诉讼**、**仲裁**等情况。这点主要涉及投资人和被投企业如何相处,是否会动辄诉讼,毕竟对于创业企业来说,打官司是打不起的,不是怕输,是输和赢都是"输"。

总而言之,股权投资也好,股权融资也罢,都是双向选择,**本着对彼此负责的心**,大家都应谨慎些,考虑周全些总不是坏事。

Q 投资条款清单的秘密

本节我们就来聊聊股权融资中**投资条款清单**的话题。

◎ **照例听一则小故事：**

MP公司经过几年的发展，进入比较良性的成长阶段。

创始股东经过商议希望能够快速占据市场份额，所以打算开放股权融资。经过一些渠道的介绍，公司接触到了一些财务投资人，经过初步洽谈和沟通，其中有两家投资机构发了**投资条款清单**给MP公司的创始人。

由于之前一直专心实业经营，对于资本圈的规则不甚清楚。

那么问题来了：

一是投资条款清单性质是法律上的合同吗？

二是它有什么特征或特点？

三是如果投资条款清单大多数条款没有法律效力，是不是签署与否都无关紧要？

■ 关于第一个问题

投资条款清单的英文全称是term sheet of equity investment。

投资条款清单就是投资公司与创业企业就未来的投资交易所达成的原则性约定，所以双方若签署在法律定性上也属于**合同范畴**。

投资条款清单中除约定投资者对被投资企业的估值和计划投资金额外，还包括被投资企业应承担的**主要义务**和投资者要求得到的**主要权利**以及投资交易达成的**前提条件**等。这个前提条件很重要，一般就是后续投资协议签署的关键商业要素。

■ 关于第二个问题

非常重要。虽然投资条款清单在法律上定性为合同，但我认为并非本约合同，而是**预约合同**，且除了**排他性和保密性**两个条款具有法律效力外，通常其他约定对于投资人而言都无效，这一般会体现在投资条款清单的具体约定中。

投资条款清单的特点如下：

1. **框架性和原则性**。投资条款清单一般没有投资合同那么冗长和复杂，大多是一些核心或重要条款，且这些条款有可能会出现在未来的投资协议中。签署投资条款清单可以在很大程度上节约交易双方的时间和成本，避免或者降低交易双方后期因对一些重要条款的分歧而导致交易失败的可能。

2. **对投资人的非约束性**。除了保密义务，投资条款清单对于投资人而言是没有约束力的。说白一点，即使签署了投资条款清单，投资人也没有法律上的义务必须对创业公司进行投资。

相反，投资条款清单一般要求创业公司给予投资人一个排他期，在这个排他期内创业公司不能就本次交易和其他的投资人接触并签订新的投资条款清单或投资协议。关于排他期以往在谈及尽调问题的时候也有涉及，这里再次提醒，

创业公司要尽量缩短排他期，以免耽误最佳融资期。

3. **保密性**。对于创业公司而言，股权融资等于是把自己的商业秘密（技术秘密、经营秘密）、公司治理情况、重大合同情况等全部交给投资机构审查。如果最后投资机构没有投钱，没有成为股东，那么创业公司的知识产权、商业秘密如何保护？所以投资条款清单通常会有商业秘密的保护约定，这一点是对创业公司的保护，我认为十分必要。

关于最后一个问题

我认为当然不是的。虽然从法律上，投资条款清单对投资人除了保密义务外并没有其他约束力，但是从商业上，投资机构不会胡乱地发送投资条款清单。

一般是财务投资人对创业公司有兴趣才会抛橄榄枝，对于创业公司来说，签署投资条款清单是融资过程中的里程碑。除非投资人在后续尽职调查中发现创业公司存在比较重大的问题不符合其投资要求和标准，创业公司在获得投资条款清单后，**将有比较大的机会获得最终的投资**。

这是大多数股权融资必须经历的一个流程，所以创始人要务必重视。

Q 投资合同核心条款解读

签完投资条款清单，做完各项商务、财务、法律尽调后，如果谈判成功，各方面条件双方都认同，投融资双方就要步入最后的阶段——**投资合同的签署。**

今天我们就来聊聊投资合同的话题。

◎ **照例先听一个故事：**

2008年下半年，在中间人的撮合之下，A总结识了投资方B总。A总与B总，前者急需资金扩张，后者则是有意入股的金主，双方自然一拍即合。

B总公司以等值于2亿元人民币的美元，

换取A总公司10.53%的股权。据此计算,A总公司的估值(投资后)约为19亿元。

既然是私募股权融资,创业方与投资方自然少不了签署包含系列条款的投资协议,比如董事会条款、防稀释条款、竞业禁止条款以及外界耳熟能详的**对赌条款**等。

此后,A总公司上市夭折触发了股份回购条款,无钱回购导致**领售权条款**的启动,公司的出售成为清算事件又触发了清算优先权条款。

最后,A总落得个尴尬的小股东地位,丧失了控制权,已然无法控制公司的未来。

故事或许还没有结束,故事或许已经结束。通过这个惨痛的现实案例,我们今天的问题应该相对比较清晰了。

一是案例中的三个融资合同条款含义及其注意事项是什么?

二是投资合同中其他核心条款含义以及其注意事项是什么?

关于第一个问题

一、对赌条款

对赌条款又称估值调整条款,即标的公司创始股东向投资方承诺,未实现约定的经营指标(**如净利润、主营业务收入等**),或不能实现上市、挂牌或被并购目标,或出现其他影响估值的情形(**如丧失业务资质、重大违约等**)时,对约定的投资价格进行调整或者提前退出。

对赌条款包括:

1. **现金补偿或股权补偿**。若标的公司的实际经营指标低于承诺的经营指标,则控股股东应当向投资方按照约定的计算公式进行现金补偿,或者以约定的计算公式折算的公司股权向投资方进行股权补偿。这里需要提醒的是,股权补偿机制可能导致标的公司的股权发生变化,可能会影响股权的稳定性,导致后续上市监管机构的异议。

2. **回购请求权**。如果在约定的期限内,标的公司的业绩达不到约定的要求或不能实现上市、挂牌或成为被并购目标,投资方有权要求创始股东或联合创始股东购买其持有的标的公司股权以退出公司；也可以约定溢价购买，溢价部分用于弥补资金成本或基础收益。

二、领售权条款

领售权，又称为强制出售权，通常是在 IPO 前或 IPO 失败之后，有人愿意收购，而创始股东不愿出售时，投资者可以强制要求创始股东一起卖股权。

这个条款确实对于创始人来说很难接受，现实却普遍存在于很多投资合同中，我们无法回避，但可以争取协商触发条件。

比如争取让领售权基于**大多数股东同意，**而不仅仅是投资者股东；又比如争取为触发领售时的并购设置限制条件，如公司保底估值、收购保底价格等。总之这些条款都是可以磋商和附条件的，创始股东要有自己的坚持和独立的意见。

三、优先清算权条款

优先清算权是投资合同中非常重要的条款，决定公司在清算后蛋糕怎么分配，即若发生被投资公司清算的情况，偿付债务后的清算财产优先由投资人分配（**投资金额加上一定的回报**），分配后的余额由投资人和其他股东根据股份比例再次分配。

上面案例中的投资人就启动了优先清算权条款。

一般来说,优先清算权条款分为**不参与分配优先权、完全参与分配优先权、附上限参与分配优先权**三种情况。

这里提醒创业者,对于清算事件,一般投资合同会表述为:"公司合并、被收购、出售控股股权以及出售主要资产,从而导致公司现有股东占有续存公司已发行股份的比例不高于50%,以上事件可以被视为清算。"这与公司法上的清算不是一个概念,需要注意。

■ 关于第二个问题

一、公司治理条款

投资方可以与原股东就公司治理的原则和措施进行约定,以规范或约束标的公司及其原股东的行为,如董事、监事、高级管理人员的提名权,股东(大)会、董事会的权限和议事规则,分配红利的方式,保护投资方知情权,禁止同业竞争,限制关联交易,关键人士的竞业限制⋯⋯这些都是投资人权利保护条款。

1. 一票否决权条款。即投资方指派一名或多名人员担任标的公司董事或监事,对于大额资金的使用和分配、公司股权或组织架构变动等重大事项享有一票否决权,保证投资资金的合理使用和投资后企业的规范运行。

2. **优先分红权条款**。《公司法》第34条规定:"股东按照实缴的出资比例分取红利……但是,全体股东约定不按照出资比例分取红利或者不按照出资比例优先认缴出资的除外。"第166条规定:"公司弥补亏损和提取公积金后所余税后利润……股份有限公司按照股东持有的股份比例分配,但股份有限公司章程规定不按持股比例分配的除外。"

因此,股东之间可以约定不按持股比例分配红利,为保护投资方的利益,可以约定投资方的分红比例高于其持股比例。

3. **信息披露条款**。为保护投资方作为标的公司小股东的知情权,一般会在投资协议中约定信息披露条款,如标的公司定期向投资方提供财务报表或审计报告、重大事项及时通知投资方等。

二、反稀释保护条款

反稀释条款也称反股权摊薄条款,是指在目标公司进行后续项目融资或者定向增发的过程中,投资人避免自己的股份贬值及份额被过分稀释而采取的措施。

该条款主要是财务性质条款,到底是**完全棘轮条款还是加权平均条款**,计算起来的权益区别还是比较大的。一般来讲,加权平均条款对于创始人会有利一些,这些涉及财务的专业性条款还是得创始人注意,有条件的话聘请专业人士模拟预算一下,以评估是否可以接受。

三、随售条款

随售条款又称跟售条款,是指在创始股东欲转让股权时,投资者有权按出资比例,以同等交易条件一起向第三方转让股权。

与领售权相反,这里的交易条件往往由创业者与第三方商谈,即该交易以创业者为主导,投资者仅仅是接受和参与其中。

一般来讲,创始股东可以与投资方协商这个条款,比如明确投资者拟跟售的股权比例限额,又比如争取一个例外情形,一定比例范围(通常指创始股东小范围套现转实缴注册资本的情形)内,投资方没有随售权。

最后,我想说的是,商业谈判和博弈存在两面性,股权融资亦如此。创始人对于投资合同条款的尽力争取和适当妥协必须建立在对投资条款有所了解的基础上,不仅是知晓条款的字面意思,更是理解条款背后的商业逻辑。

Q 创始人与投资人的相处之道

如果把股权融资比喻成结婚,那么一旦投资人进入股东层面,"婚后生活"(投资人和创始人的相处之道)就变得非常微妙了。最终企业能否在产业和资本的联姻下走向辉煌,投后管理至关重要。

◎ 我们照例来听一个小故事:

经过三年多的辛苦经营,KU 公司完成了第一轮融资,财务投资人分别以三个主体进入了股东层面,共投资 3000 万元,占股比不到 10%。

第一年,创始人和投资人关系相处不错,公司重要的决策层会议都邀请投资人安排的董事参加,投资人也帮助对接了一些资源。

可是好景不长,由于战略层面的变化,原

先在投资合同中约定的条件发生了一些改变,原来约定的三年之内申请新三板的规划也做了调整,变为**五年之内申请主板上市**。

由于退出机制的变更直接影响了投资人旗下基金的清算时间,虽然投资人的决策层同意了战略的调整,但是部分投资人的基金经理还是保留了一些自己的想法,而此时KU公司的业绩也不是特别稳定。

一个很小的事件引发了投资人和创业者的矛盾升级,主要是公司经营发展需要注册地址变更,这本来是好事,可却因为投资机构下属的一家主体作为股东不配合盖章,**导致工商登记变更迟迟无法办理**。

KU公司具有相应专营业务的许可证,地址变更无法备案登记导致相应许可证的有效性也会受到影响,这样的矛盾直接影响了公司的正常经营。最后创始人选择妥协,以公证召开临时股东会议的形式解决了上述问题,但以后的相处之路恐怕也是举步维艰。

回应文题，今天的问题一目了然，**创始人与投资人**（这里主要指财务投资人）**究竟该如何相处呢？**

我认为没有标准答案，但是基于我的实务经验和实操案例，或许有以下共性之处可以借鉴。

一、互相信任

企业之间的信任归根结底还是人与人之间的信任，前期投资人愿意溢价投资一定是看好被投企业，看好创始人。

但是信任关系的持续就靠投后相处慢慢建立起来了，双方要用自己的行为去维持这种互相信任的关系。要知道，信任的基石一旦坍塌，重铸将无比困难。

二、透明、坦诚和诚信

这点无论是创业者还是投资人都应当严格遵守，实事求是才能长期合作。

对于创业者而言，企业的财务报表和数据应当真实、可靠。对于投资人而言，更是要说话算话，严格按照投资合同办事，什么时候资金到位不能儿戏。

三、建立规则

无论是创始人还是投资人都需要具备规则意识。规则是契约精神，是创业的底线，也是投资的准绳。

对于创业者而言,规则意识非常重要,否则项目越成功麻烦越大。投资人同样要有规则意识,什么该管、该过问,什么该交给创业团队独立完成,一定要分清。

四、自律和胸怀

由于信息的不对称,创始人如果不自律,自作聪明地搞一些小动作,就容易失去投资人的信任,容易弄巧成拙;同样,投资人如果心胸狭窄,锱铢必较,可能投后管理也会出现很大的问题。所以双方都要有一定的胸怀,做大事者需要有大胸怀。

五、及时沟通和解决问题

投后双方磕磕碰碰,有问题甚至有争议,都很正常,但需要**及时沟通,消除误会,解决问题**。像上面案例中投资人的做法是不可取的,只会使双方关系越闹越僵,本来冲突不大结果演变成不可调和的争议,无论如何解决,都会影响彼此的关系,也会影响企业的发展。

创业不易,公司治理需要理性和妥协,创始人和投资者水乳交融是一种理想状态,虽然出现的概率并不大,但至少不要水火不容。

界限清晰、追求平衡也不失为一种良性的选择。总之,投资人进入企业后,与创始人的相处并不简单,大家都要重视。

4
公司那些事

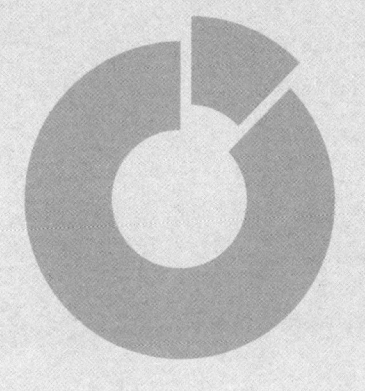

Q 我不想当法定代表人了，怎么办？

本节我们来聊聊公司**法定代表人**的话题。

诚然，作为股权律师，我在给客户设计股权架构的时候，关于法定代表人的话题，通常更多关注的是法定代表人的职权、岗位、责任以及在控制权设计的时候提醒大股东注意尽量由自己或者自己信任的人来担任法定代表人。

而如果从反面角度考虑，即小股东甚至是员工担任法定代表人，若其不想继续担任了，该如何变更？

◎ **下面来看一则故事：**

> 一家公司由两位股东投资，大股东持股70%，小股东持股30%。由于一些原因，大股东不方便出面担任法定代表人，由小股东担任

公司经理职务,公司章程规定经理担任法定代表人,即小股东登记为公司法定代表人。

在公司后续经营过程中,小股东打算另外再投资一家公司,由于主要的时间和人力投放在新的公司,所以小股东主动提出不再担任原来公司的法定代表人。

于是问题来了:我不想当法定代表人了,怎么办?具体流程如何呢?

我认为,如果可以通过与大股东友好协商的方式来解决,自然是绝妙的。只要大股东配合,股东间达成一致意见,按照《公司法》第37条之规定,**不必召开股东会,只要形成书面股东决定同意变更公司法定代表人,同样具有法律效力。**安排公司办事员至市场监管局,按照行政机关要求的流程办理公司登记变更事项即可。

但是如果大股东由于某些原因怠于办理或者不配合办理怎么办呢,是不是就无解了呢?非也。

小股东可以辞任经理职务,办理相关辞任手续,然后依

据《公司法》第13条关于"公司法定代表人依照公司章程的规定,由董事长、执行董事或者经理担任,并依法登记,公司法定代表人变更,应当办理变更登记"的规定,要求公司配合办理变更登记。

一般来讲,如果公司实在不配合,通过辞任职务,使得自己不具备担任法定代表人的资格后,可以起诉要求公司配合变更法定代表人。

值得一提的是,有一种特殊情形,**公司经营状况出现问题,甚至出现停业等特殊状态,有相关司法判例显示,法院有可能不支持变更公司法定代表人的请求。**

这个故事算是有了一个比较全面的回应,那么既然聊到法定代表人的话题,我们就再深入,了解一下**法定代表人的相关规则**,这里需要明确另外两个问题。

一、法人与法定代表人的区别

这是我在实践中经常纠正客户的,好多企业家都会分不清,自称是公司法人,这实际上是存在问题的。

法人属于社会组织,应当说是拟制的"人"。法律规定有营利法人、非营利法人、特别法人,公司就属于典型的营利法人。法人具有独立的法律主体资格,具有权利能力和行为能力,可以成为法律关系的主体,享有权利和承担义务。

法定代表人是自然人,按照民法总则的规定就是依照法律规定或章程规定,代表法人从事民事活动的负责人。

二、责任承担问题

按照商事外观主义原则,一般来讲,法定代表人以公司名义对外做出的民事法律行为,由公司作为责任承担的主体。如果法定代表人越权做出相关民事法律行为,除非相对人知道或应当知道,否则这种法律行为对外依旧由公司承担责任,但是对内,公司可以追究法定代表人的责任。

Q 隐名股东转让股权的效力认定

我们继续股权转让的话题,本次探讨的重点是**隐名股东的股权转让**问题。实践中我在给企业提供股权架构设计法律服务的时候,也常常会遇到股权代持的问题,所以探讨和分析这一话题实属必要。

◎ 先来看一个案例:

SYT公司的工商登记主要股东为A总、恒华公司,法定代表人为A总。恒华公司的法定代表人为B总,A总、B总系亲兄弟关系。

2008年,C与SYT公司签订协议,向SYT公司投资3000万元建设费用,承包公司某工段的生产和经营。2008年3月,A总、B总分别以生产用款为由向C借款400万元、500万元。

2009年,C与SYT公司签订**《股权认购协议书》**,约定"C占该公司12%的股权……由B总、C及原其他股东组成股东会……现公司股权以本协议为准,与工商注册无关"。

协议同时还约定,C与SYT公司原来的协议全部终止作废。《股权认购协议书》签订后,双方未办理工商注册变更登记。

2013年,C与A总签订**《股权转让合同》**,约定将C拥有的SYT公司12%的股权作价1亿元人民币转让给A总。

2014年12月6日,C某与A总、B总、SYT公司签订**《补充协议书》**,约定B总与SYT公司为A总的全部债务提供连带责任保证。

后A总未按约履行付款义务,C向法院提起诉讼,请求判令:A总给付股权转让价款1亿元及违约金;B总、SYT公司**承担连带保证责任**。

本案例主要涉及以下问题：

一是股权转让协议是否有效？是否可以实际履行？

二是站在受让人的角度，隐名股东股权转让的核心注意事项有哪些？

三是本案例对股权架构设计的启示有哪些？

关于第一个问题

1. 首先本案例中的股权转让协议系各方真实意思表示，各方均具有完全民事行为能力，合同的内容不违反法律强制性规定，应当具备法律效力。这是从民法通则、民法总则、合同法等角度进行的分析，**公司法对于股权转让的规定不影响合同效力**。

2. 关于合同是否可以实际履行的问题，要从C是不是隐名股东以及是否有权处分股权两方面来论证。涉及公司内部股东之间的纠纷，法律并未明确规定未经登记的股东不具备股东资格，而应当结合其他证据综合认定。

案例中公司在《股权认购协议书》中已经确认C享受SYT公司股东的权利及义务，据此**可以确认，C拥有公司隐名股东这一身份，其股东资格不因未在工商登记而被轻易否定**。

遵循**商事外观主义原则**,对公司外部而言,公司的股权应当以对外公示的工商登记为准;而在公司内部,有关隐名股东身份及持股份额之约定等属于公司与实际出资人或名义股东与实际出资人之间形成的债权债务的合意,除非隐名股东要求变更为显名股东,该约定不会引起外界其他法律关系的变化,亦不会破坏有限责任公司的人合性,**故一般应当认可其有效性**。

再者,本案例中股权转让的受让方并非公司外部不知情的第三人,更加不存在标的股权无法转让的现实障碍。

本案例的法院审理结果也确实**认可了股权转让协议的效力**,并要求受让方实际履行支付转让款及违约金的义务。

■ 关于第二个问题

回到我们今天的主题,站在外部受让人的角度,如果要受让隐名股东的股权,我认为至少要注意以下几点:

1. **标的股权是否实际可以转让**。因为即使股权转让合同有效,根据原因行为与处分行为相分离的原则,如果隐名股东不具备公司股东资格或者内部股东需要行使优先购买权,作为外部的受让方都是无法获得标的股权的。

故作为受让方在签署协议前应要求隐名股东提供相关法律文件,比如公司或公司股东会过半数股东确认其隐名股东身份的文件、实际出资人与名义出资人的股权代持合同等。同时,在股权转让协议的设计中,应由名义出资人与实际出资人作为共同出让方,并且完善其他股东明确放弃优先购买权的条款和材料。

2. 标的股权如无法转让,该如何救济?受让方应当在股权转让协议中明确无法受让标的股权的法律责任,最大限度地保护自己的合法权益。

另外,如果标的股权无法转让,但相应的实际出资人的投资权利和义务是否愿意继受、如何保护等问题,也应当在协议中明确。

关于第三个问题

现实中,我在为企业提供股权架构设计的法律服务时,也会遇到由一些客观原因导致的实际出资人暂时无法成为显名股东的情形。

那么站在实际出资人(**即委托代持一方**)的角度,约定明确的股权代持协议以及其他公司内部股东认可的书面材料必须完备。

另外**实际参与公司经营、管理、决策的相应材料亦应留心保管好**,防患于未然,这样至少自己隐名股东的身份可以保障,将来处分股权也方便许多,有的放矢。

Q 夺回公章的策略及其对公司控制权的影响

◎ **先来看以下案例：**

一家创业公司，股东与企业经营管理团队重合，所有的股东既是出资人，又是高管，全都全职投入经营企业。

在经营过程中，股东之间发生矛盾，经股东会过半数表决通过，公司的法定代表人合法变更了，但原来的法定代表人不肯把公章交出来，各自僵持着，影响了公司的正常经营。

按照《合同法》第32条规定，当事人采用合同书形式订立合同的，自双方当事人签字或者盖章时合同成立。也就是**盖章可以代表一家公司的意思表示**，这也赋予了公章对于一家公司举足轻重的作用。

一般来讲,公司越成熟,治理越规范,对于公章的管理,制度的订立,股东会、董事会、监事会以及高管层(三会一层)的责、权、利的区分和设定越严格。

但是对于初创企业而言,公司治理没有那么规范,往往会忽略公章的管理问题。

针对上述案例我们从以下两个问题来逐一分析:

一是取回公章的具体方法和策略有哪些?

二是公章对于公司控制权的影响如何?

■ 关于第一个问题

取回公章当然是有方法的,但是要区分场景。

1. 如果公司的法定代表人已经进行了工商变更登记,那么:

(1) 如果协商不成,可以以新的法定代表人的名义去登报挂失公章,重新刻制公章会是一条比较快捷的路径。当然如果老的公章不要回来,极端的法律风险仍旧无法避免。

（2）以公司名义，让新的法定代表人以**占有公章拒不返还对老法定代表人提起诉讼**。具体的法律依据即《物权法》第34条，"无权占有不动产或者动产的，权利人可以请求返还原物"。

新的法定代表人作为公司法人的意思表示主体，**对外有权以公司的名义从事法律行为，对内有权主持公司的经营管理工作**。公司证照、印章等物品属于公司财产和公司经营活动中意思表示的工具，应当由法定代表人进行管理。

2. 如果公司的法定代表人只是经过股东会决议通过确认更换，并没有至工商行政管理部门进行对外变更登记或由于公司的公章缺失无法进行工商变更登记，那么就会复杂些。只能**以新选出的公司法定代表人为原告，公司为被告，原法定代表人为第三人，先起诉确认股东会决议有效，要求公司进行工商变更登记**。这是第一步，然后再按照上述路径去夺回公章。

■ 关于第二个问题

我们在探讨公司控制权的问题时对于股东会表决权以及董事会的议事规则、程序和职权的设计均有详细的探讨和分析，大家有兴趣可以翻看前面章节。

除了公司治理层面的控制，对于公司核心财物——证照、公章的保管和使用等物理控制手段，也一定程度地影响着公司的控制权。

极端风险是公章可以代表公司意志，一旦公章持有人与公司的利益相悖，公司的法律风险就会凸显。

所以正常来说，站在公司创始人的层面看，在公司组织架构完善的同时要建立**公章的保管和使用制度**，最好在公司章程中予以明确，一旦出现争议就有章可循。

如果要对公司控制权形成制约，仅从单一的财务负责人任命和公章管理角度恐怕并不持久，也太单薄，辅以股权架构的设计手段可能会更好。

Q 如何解除小股东的股东资格？

本节的话题我们主要来聊聊**股东资格解除**的问题。

◎ **先来看一个案例：**

> 一家有限责任公司，设立的时候没有委托专业人士进行股权架构设计，也没有签署相关法律文件。公司经营过程中，大小股东闹矛盾，小股东仅占公司10%的股权比例，大股东想要"踢"小股东出公司，于是寻求律师的解决方案。

其实这类事件我也经常被问起,那么今天就借此机会好好来聊一聊。总结来说,主要可以探讨以下两个问题:

一是如果没有事先约定股权退出机制,还有什么方法可以解除股东资格?

二是在创业公司股权架构设计中,对于股权退出机制可以如何设定?

■ 关于第一个问题

简单来说,如果没有事先约定股权退出机制,《公司法司法解释(三)》第17条第1款对解除股东资格指明了一条路径,即符合以下三种情形,公司可以股东会决议解除未履行出资义务或者抽逃出资股东的股东资格:

第一,股东未履行出资义务或抽逃全部出资。这里需要注意,司法解释的意思是未完全履行出资义务和抽逃部分出资不应包括在内。

第二,公司对未履行出资义务或者抽逃全部出资的股东除名前,应给该股东补正的机会,即应当催告该股东在合理期限内缴纳或者返还出资。

第三,解除未履行出资义务或者抽逃全部出资股东的股东资格,应当依法召开股东会,做出股东会决议。该项股东会决议并不属于法定的重大事项,如果章程没有特别规定,经代表1/2以上表决权的股东通过即可。所以大家在实务操作中务必要重视程序和条件,否则就有可能使得股权会决议被撤销或无效。

■ **关于第二个问题**

我一直倡导,创业公司的核心要素绝不仅仅是出资,人力资本在当今社会至关重要,至少应当与**人**有关。股权除了传统意义上的资金要素,还应当涵盖**人力与资源**两大要素。

所以通常来讲,对于股权架构设计中的创始股东(一般来说,既出钱又出力),退出机制要区分以下情形:1. 离职(人力贡献停止);2. 退休(人力贡献停止);3. 换岗(人力贡献调整);4. 伤亡(人力贡献变化)。同时还要考虑对**过错与非过错**的问题做出区分。

上述情形触发股权回购机制是股权退出比较常见的通道,**由留下来的股东按比例回购**或者**由大股东回购**,这些都是可以事先约定的。也有特殊情况是约定**减资回购**的,这种情形相对较少。

法律上,两种退出机制都是可以的。这里我想提醒大家的是，关于股权退出机制的设定其实最重要的是所有的**创始股东理念相通**。只有大家都认可这种理念了，签署相关法律文件才能水到渠成。

我在给创业团队做培训的时候通常会谈到以下几点：

1. 创业本就困难重重，不是短期的投机行为，而是长期的努力和坚持；

2. 对于创业公司而言，股权的对价不是早期的出资，而是长期坚持的人力投入；

3. 股东中间离开创业团队，人力贡献停止，股权不回购是不公平的；

4. 大家一起参与，大家一视同仁。

只有大家都认可以上真实、温暖的创业理念，签署冷冰冰的法律文件才有意义，大家才会严格去履行。

总结来说，在企业的初创阶段，所有的创始股东都要理念同频，委托专业人士搭建好适合的股权架构，设定好进退机制，确定好各自的**责**、**权**、**利**，在未来的创业路上遇到问题就可以按照规则去解决。这样既不会损害商业利益，也不会伤害朋友情谊，这与房地产大亨冯仑的一句话"**江湖的方式进入，商人的方式退出**"应该是同一个意思，与大家共勉！

Q 股东出资不实,能分红吗?

大家都知道我们团队主要是从事股权架构设计、股权激励、股权投融资、公司治理、法律顾问等法律服务。本节的话题就是我的一位常顾客户咨询的问题。

◎ **大概情况如下:**

我的客户是一家创业园区运营公司,从大业主手中将整栋楼房租赁过来,然后分割招租,转租给客户,同时又从事创业孵化器、投融资对接等业务。

这样的商业模式决定了公司前期的资金需求是比较大的,所以公司早期的注册资本是

2000万元,首期各股东合计实缴出资500万元。

股东层面也相对比较复杂,有创始人股东(通过控股公司间接持股)、财务投资型股东、资源型股东。其中,资源型股东工商登记占公司股权比例的20%,但实缴出资金额仅占首期实缴总额比例的10%。

项目经营了一年,整体开始稳定并慢慢朝良性发展,创始人却碰到了一个难题:原先的资源型股东承诺到位的另一半资金迟迟没有到位,而当初大家并没有签署股东合作协议对该部分出资做出明确的书面约定。公司章程用的又是工商登记的推荐版本,认缴期是20年之内。

那么如果股东出资没有全部到位,公司的利润分配权利受限制吗?法律是如何规定公司分红的呢?

讲到这里,大家应该很明白了,今天我们就来讨论一下出资不实股东的权利限制问题。

一是股东出资没有全部到位,公司的利润分配权利受限制吗?

二是出资不实的股东,法律规定有哪些权利受限?如何限制呢?

■ 关于第一个问题

案例中的客户问到的问题放在具体的场景中,我认为,将资源型股东归为瑕疵出资恐怕有困难,客户也没有证据证明资源型股东承诺必须在多少时间内同比例缴足首期出资。

那么按照工商登记的公司章程,资源型股东已经按照章程约定实缴了首期出资,其他出资在20年之内的某年某月某日前缴足即可。

由于客户公司章程并没有特殊规定,所以根据《公司法》第34条规定,资源型股东的利润分配权利并不受限制,但是具体分配利润的比例应当按照实缴的出资比例分取红利,即本案例中应当按照10%分红,而非按照股权比例20%分红。

这个问题实践中经常会被混淆,各位创始人、合伙人都要重视。

■ 关于第二个问题

我们先来看看公司法及相关司法解释的规定。《公司法》第34条规定,股东按照实缴的出资比例分取红利。但是,全体股东可以约定不按照出资比例分取红利。

《公司法司法解释(三)》第16条规定:"股东未履行或者未全面履行出资义务或者抽逃出资,公司根据公司章程或者股东会决议对其利润分配请求权、新股优先认购权、剩余财产分配请求权等股东权利做出相应的合理限制,该股东请求认定该限制无效的,人民法院不予支持。"

从上述法律规定来看,股东出资不实并不当然丧失利润分配请求权,而是如无特殊约定,所有股东按照实缴出资比例进行分红,与工商登记的股权比例无关。

但是全体股东可另行约定规则,可以制定公司章程或形成股东会决议,**对出资不实的股东分红权、新股优先认购权、剩余财产分配请求权等股权项下的财产性权益予以限制**,这些合理的自由设计都是受到法律保护的。

实践中,我还碰到有客户咨询是否可以限制出资不实股东的表决权、投票权等股权项下的共益权,我认为这是没有法律依据支持的，极易引发股东争议。

我提醒大家千万不可任意限制出资不实股东的权利，所有的限制都必须在法律的框架下进行，而且最好前期做出约定，大家都有心理预期，遵守规则行事，破坏规则就要受到约束，这才是最好的合作方式。

Q 有限公司增资时，原股东有优先认缴权吗？

本节的话题是我经手的一个案件，当时争议比较大，并且此案件也给我们团队在股权架构设计中颇多启发，今天拿出来与大家分享。

◎ **案例大概如下：**

老王入股的 A 有限公司召开股东会，为引入投资者，按每股 2 元溢价引进私募资金 3000 万股，各股东按各自的股权比例减持股权，以确保公司顺利完成股权变动。

对于这次增资扩股，老王同意，但是他却不同意投资人进入，而是希望借此机会提高自身股权比例。于是股东会上，其他三位股东(股比92%)赞成,仅老王(股比8%)反对。其他三位股东同意按股比减持股权,股东会同意引入投资者,也同意老王按8%的股比及本次私募方案的溢价股价增持240万股。

但是老王提出要求行使对其他股东放弃的新增资本优先认购权,这点未获其他股东的同意。老王不满,于是把A公司告上法院,请求判令其对A公司2760万新股享有优先认购权。

后来这个案件是调解结案的,但是案件的争议焦点和问题还是很有意思的,值得探讨。我们主要抛出三个问题,欢迎大家评论和探讨:

一是有限公司增资时,原股东享有优先认购权吗?

二是对于其他股东放弃认缴的增资份额,原股东是否享有优先认购权?

三是本案对于股权架构设计有什么启示?

■ 关于第一个问题

这个问题比较简单,答案显而易见,当然是有优先认购权。事实上本案例也保证了老王按照其实缴出资比例认购的优先认购权。

《公司法》第34条规定,"股东按照实缴的出资比例分取红利;公司新增资本时,股东有权优先按照实缴的出资比例认缴出资。但是,全体股东约定不按照出资比例分取红利或者不按照出资比例优先认缴出资的除外"。

所以说,在公司股东会2/3以上表决权股东通过公司增资决议(公司增资属于重大事件,需2/3以上表决权股东通过)时,原股东享有优先认购权,但仅限于实缴的出资比例优先认购。

■ 关于第二个问题

我认为原股东没有这个权利。

一是没有法律依据。公司法仅规定公司新增资本时,原股东有权按照其实缴的出资比例认缴出资,并未规定原股东对其他股东放弃认缴的增资份额是否享有优先认购权。

二是有限公司增资认购与股权对外转让属于不同性质的行为,意志主体不同。虽然都能产生股权变动的法律效果,但股权对外转让是钱进入老股东手里,老股东将手中的股权转让,意志决定主体为老股东;而增资扩股是新股东将钱缴入公司,公司的注册资本增加,意志决定主体是公司股东会。

股权转让一般涉及个人利益,而增资扩股大多数情况可能涉及引进战略投资、财务投资、资源或者其他利益相关方,主要是为了公司利益。所以从利益衡量的角度出发,当公司发展与股东合性冲突时,以应保护公司发展为大前提。

三是股东会决定增资的决议内容和程序均是合法有效的,既没有损害原股东的合法权益,又保证了原股东在实缴出资范围内的优先认购权。

股东会定向增资的决议属于资本多数通过即可,并且具有涉他性,自然对于原股东老王具有法律效力。

所以我认为在公司章程没有特殊约定的情况下,原股东对于其他股东放弃认缴的增资份额没有优先认购权。

■ 关于第三个问题

我们认为在初创期进行股权架构设计的时候就应当考虑企业未来增资或者股权调整的问题。

如果创始人在公司发展初期不希望合伙人层面发生过多变化，或者说慎重引进新股东，那可以在公司章程层面对于股权转让做一些限制。

另外也可以对公司章程中增资部分做出补充约定，比如原股东对于其他股东放弃认缴部分享有优先认购权。如果创始人层面希望引进战略股东、财务投资人或者资源型股东，那么切记不能随意赋予其他股东对于放弃认缴部分享有优先认购权。

同时我还建议在股东合作协议里明确否定这部分优先认购权，这样前期的股权架构设计就不会阻碍资本、资源方的进入，真正做到立足现在、布局未来。

Q 横向刺破公司面纱——兄弟公司间的债务连带承担问题

本节的话题是我很多年前办理的一个案件，之所以又想起这个话题，主要是最近找我们团队做股权架构设计的客户中有一家是类似的情况，所以想借助这个案例回顾一下此类问题。

◎ **案例梳理：**

RP公司是一家从事电子设备、插件等产品生产、经营进出口业务的企业，后与香港一家公司、上海一家公司相继发生业务关系，香港公司和上海公司的人事、财务、业务、实际控制人都是一样的，业务往来五年多来合计拖欠RP公司1000多万元人民币。嗣后经调查发现，实际控制人X总在经营上海、香港两家公司时财务极不规范,没有独立的账目,亦没有独立结算,甚至连财务会计都没有,都是自己一人控制。另外X总将公司的款项打入自己实际控制的自然人账户,用于个人购买房产、车辆等资产,还将部分款项用于家庭及个人开支等。后RP公司起诉,以买卖合同纠纷要求上海公司承担付款责任,X总及香港公司承担连带责任。

那么问题来了:

一是上海公司欠款,为什么实际控制人要承担连带还款责任?法律依据是什么?

二是上海公司欠款,为什么香港公司需要承担连带还款责任?

三是本案对于股权架构的启示有哪些?

■ 关于第一个问题

由于X总是上海公司的实际股东,真实持有上海公司100%的股权,且上海公司财务与X总个人及家庭财产混同。

依据《公司法》第20条第3款的规定,"公司股东滥用公司法人独立地位和股东有限责任,逃避债务,严重损害公司债权人利益的,应当对公司债务承担连带责任"。所以我认为实际控制人X总作为公司股东滥用公司法人独立地位,应该刺破公司面纱,对公司的债务承担连带责任。

■ 关于第二个问题

兄弟公司之间承担连带还款责任是有相应的司法案例的,也就是我们通常说的横向撕破公司面纱。但司法上认定关联公司承担连带责任的关注重点,是法人人格是否混同。我认为公司人格独立,是其作为法人独立承担责任的前提。从静态上讲,公司具有独立人格的前提是公司具有独立财产,所以认定公司是否有独立财产是判断公司与股东或者关联公司之间是否构成人格混同的标准。从动态上讲,公司法人人格独立是建立于公司在经营中严格贯彻财产、利益、业务、组织机构等方面的分离,是判断是否构成法人人格混同的标准。故认定公司法人人格混同,可以从以下几个方面进行判断:1.财产是否混同。若公司财务工作人员、财务账册、公司账户等混同可视为财产混同。2.业务和利益分配是否混同。若公司与股东或者公司的关联公司的业务不分离，从经营过程无法判断业务的真正归属，或者相互之间经营的收益不加区分，任意配置，也应认定为公司人格混同。

3. 公司的组织机构是否混同。若具有公司管理人员相同、工作人员相同或任意调动、同一场所办公等情形，可认定公司的组织机构混同。回到上述案例，上海、香港两个公司虽形式上登记为独立的企业法人，但实际上相互之间界线模糊、人格混同，违背了法人制度设立的宗旨，违背了诚实信用原则，其行为本质和危害结果与《公司法》第20条第3款规定的情形相当，故关联公司之间需要承担连带责任。

■ 关于第三个问题

本案例中关联公司人格混同给了我们股权架构设计颇多启示。我经常看到一些客户经营多家公司，虽然工商登记法定代表人、股东不一样，但均存在股权代持、实际控制人为一人的情形。一般就是多个牌子、一套人马，人员、业务、财务、组织机构、营业场所甚至对外宣传等方面都是混同的。这在法律上风险是极大的，很容易造成人格混同，一家公司出现法律风险会连累其他关联公司。所以，我们在搭建股权架构的时候一定要结合商业模式,把控制权、所有权、法律风险等各方面考虑周全,尤其是母子公司、兄弟公司等复杂股权架构更要重视这一点。同时公司治理层面也应当规范,双管齐下,才能在顶层架构设计层面不出问题。

Q 承包管理制的公司合作方式有效吗?

本节我们来聊聊承包管理制经营公司的话题。听起来很新鲜,又有一头雾水的感觉,是吗?我来和大家解释一下。

这个话题也源自我很多年前代理的案件,最近又有客户有相关问题咨询,于是新瓶装旧酒,再来讨论一下。

◎ 案例大概是这样的:

2007年,Y总、Z总及案外人S总、P总系园林设计院有限公司的股东,分别拥有该公司20%、20%、40%、20%的股权。2007年2月,四股东以股东会决议的形式对园林设计院公司2007—2009年承包问题及内部利益分配做出约定,明确该公司实际由Z总承包经营,内部执行考核,考核指标为每年完成税后保底利润80万元,当营业额(指当年所开具的营业发票)超过100万元后,超过部分按营业额收取2%作为上交利润,余额归承包者(即Z总)所有,承包费用由承包者承担。2009年3月,Y总、Z总及案外人S总、P总以股东会决议的形式对公司内部真实情况进行结算,并约定了利息和还款时间,其中Z总确认欠Y总100万元。2010年2月,Y总与Z总就该款的支付进行对账,确认Z总至2010年2月1日尚欠Y总49万元。后由于Z总未按时还款,Y总起诉至法院,要求其还款。

争议焦点和问题还是比较明确的:

一是以内部承包管理制的方式合作经营公司有效吗?

二是股东之间约定放弃分红,而由一方股东向其他股东每年支付一定收益,该约定是否有效?

三是股东间约定无论公司收益情况如何,其中一位股东每年从公司获取固定收益有效吗?

■ 关于第一个问题

虽然我们一直倡导全体股东经营，尤其是创业公司，但现实中很多公司（尤其是传统行业公司）的股东并不全职投入的情况数不胜数，一般仅出资，并不出力，也不全职待在公司。另外，公司的资产包括有形资产和无形资产，有形资产比较容易评估，比如房产、土地、机器设备等，但是无形资产比较难评估。案例中的公司具有园林设计院的相关甲级资质、荣誉和成功案例，无形资产的价值比较高，这些资质、荣誉和成功案例是由四位股东一起投资的公司创造的。2007年，四位股东达成一致意见，由其中一位股东内部承包管理，承担承包费用，承担亏损风险，如果营业款超过一定额度提取一定比例的资金按照股权比例支付给其他三位股东。这是股东之间的真实意思表示，属于内部约定，不违反法律的强制性规定，所以我们认为以内部承包管理制的方式合作经营公司是有效的。案例中的法院也是支持了股东之间的特殊约定及相关债权债务结算的股东会决议的有效性。但是，如果公司出现极端风险，股东又没有按照注册资本缴足所有出资额，那所有股东应按章程约定的出资额承担有限责任，股东之间的内部约定不能对抗外部债权人。

■ 关于第二个问题

我们回答了第一个问题之后,第二个问题就比较清楚了,其本质是一样的。股东之间的特殊约定是股东间平等、自愿协商后对公司管理权、股东分红权及一方股东支付其他方股东固定收益等的特别安排。该约定不违反公司法的强制性规定,亦不损害国家、集体以及第三人和公司的合法权益,所以具有法律效力。

■ 关于第三个问题

按照《公司法》第66条的规定,"公司弥补亏损和提取公积金后所余税后利润,有限责任公司依照本法第34条的规定分配;股份有限公司按照股东持有的股份比例分配,但股份有限公司章程规定不按持股比例分配的除外。股东会、股东大会或者董事会违反前款规定,在公司弥补亏损和提取法定公积金之前向股东分配利润的,股东必须将违反规定分配的利润退还公司"。也就是说,公司只有存在净利润并弥补之前的亏损和提取法定公积金后才能进行分红,如股东在不符合分红条件的情况下从公司获取固定收益,损害了公司及公司债权人的利益,必须将违反规定分配的利润退还公司。因此,股东间约定无论公司收益情况如何,各位股东每年从公司获取固定收益当然没有法律效力。

Q 如何发挥监事在公司治理中的重要作用?

本节我们来聊聊监事的话题。为什么会想到这个话题呢？主要是一位客户来咨询股权架构设计的问题，对于监事这个岗位比较困惑，对是否一定要设立监事岗位或者哪些人比较适合担任很不清楚。

按照我国公司法的规定，董事、高管是不得担任公司监事的。监事的职权主要是：(一)检查公司财务；(二)对董事、高级管理人员执行公司职务的行为进行监督，对违反法律、行政法规、公司章程或者股东会决议的董事、高级管理人员提出罢免的建议；(三)当董事、高级管理人员的行为损害公司的利益时，要求董事、高级管理人员予以纠正；(四)提议召开临时股东会会议，在董事会不履行本法规定的召集和主持股东会会议职责时召集和主持股东会会议；(五)向股东会会议提出提案;(六)依照《公司法》第151条的规定,对董事、高级管理人员提起诉讼;(七)公司章程规定的其他职权。大家都知道公司法规定,董事具有勤勉尽责的忠实义务。那么问题来了:

一是监督董事的监事是否具有诸如竞业限制的法定义务呢?

二是监事一般由谁来担任,普通员工、不参与经营的股东还是投资人?

■ 关于第一个问题

从我搜集到的相关案例来看,目前法院系统对此没有非常统一的观点,有些法院认为公司法仅规定了董事、高级管理人员不得有的行为,但公司法没有规定监事有竞业限制的法定义务,故而法无明文规定不得设定监事的此种法定义务。有些法院则不然,认为公司监事受股东委托对公司的经营管理行使监督职权,以维护公司和股东利益为己任,相对董事和高级管理人员,应当对作为监督者的监事苛以更高的行为合规性和道德廉洁性,这才符合立法和公司治理制度的本意。《公司法》第148条罗列了损害公司利益的具体行为,虽然仅要求公司董事、高级管理人员不得从事上述行为,但并不意味监事从事上述损害公司利益的行为而无须承担相应的法律责任,否则,即与监事的职责、立法和公司治理制度的本意相悖。而且,监事从事上述行为同样违反《公司法》第147条第1款关于监事对公司负有的忠实和勤勉义务的规定,须承担相应的法律责任。

我认为,可以区分具体细节来看待这个问题。一般来讲,我赞成第一种观点,既然法律没有明确规定监事具有竞业限制的义务,不宜赋予监事此种特定义务。但是如果在特定的场合,比如公司监事在履行职务的时候掌握了一些公司的具体信息,又利用这些信息为自己或者他人谋取商业利益,从事竞业限制义务损害了公司的利益,这样的行为应当说违反了监事的勤勉尽责义务,以《公司法》第147条的规定来约束,要求其承担相应法律责任更为妥当。

■ 关于第二个问题

公司的监事一般由哪些人来担任呢?如果是传统企业,一般是大股东担任执行董事加法定代表人,小股东任监事。但是这种身份划分在创业公司就比较尴尬了,因为创业公司基本上是股东、高管、员工身份三重合一的情形,无论大小股东都在公司身居要职,担任高管。按照法律规定,监事又不能是高管、董事,这个时候由谁来担任监事比较合适呢?**一般来说,创业**

公司的监事我建议安排创始人信任的亲人或者朋友来担任,他们通常不在公司工作,或者不担任高管职务。另外,各位创始人一定要重视监事在公司治理机制中的重要作用,其具有监督董事、高管的重要职权,还具有公司财务检查权、股东会会议提案权等本文开始时提到的七大职权,责任重、权力大,不能小觑其重要性。

Q 大股东任性不分红，小股东怎么办？

本节我们来聊聊公司分红那些事。从本质上来说，公司是一个营利性组织，股权之于股东，在财产上除了增值出售外，还有一项很重要的权利，那就是分红——利润分配请求权。但是股东分红是不是企业留存多少利润就分多少呢，当然不是。按照刚出台的《公司法司法解释（四）》第15条的规定，股东未提交载明具体分配方案的股东会或者股东大会决议，请求公司分配利润的，人民法院应当驳回其诉讼请求，**但违反法律规定滥用股东权利导致公司不分配利润，给其他股东造成损失的除外**。也就是说，司法不轻易介入公司利润分配，一般情况下需要公司股东会自行商定分配利润的决议，股东才能请求分配利润。那如果大股东任性不分红，小股东就一定没有办法了吗？

◎ **我们来看一个最高院的案例：**

A公司由李总和张总二人于2006年3月设立。2007年4月，张总与B公司签订股权转让协议，将其在A公司的350万元股权转让给C公司。2007年5月，李总与C公司、B公司签订股权转让协议，将其在A公司的股权600万元转让给C公司、50万元转让给B公司。同年5月，A公司修改公司章程，将公司股东变更为C公司和B公司，C公司持股比例60%，B公司持股比例40%，并在工商行政管理部门进行了变更登记。A公司的实际控制人和法定代表人为李总。2009年，A公司被政府整体收购，一部分收购款被李总擅自转到其他公司账户。自2006年3月A公司登记成立至2013年1月本案诉讼前，A公司无法对股利分配方案形成股东会决议，长期不向股东分配盈余。李总还将政府支付的收购款私自转为己用，B公司为实现自己的资产收益权利，欲通过诉讼解决公司盈余分配问题。

三个问题：

一是Ａ公司是否应向Ｂ公司进行盈余分配？

二是如何确定Ｂ公司应分得的盈余数额？

三是本案对于小股东分红请求权有哪些启示？

■ 关于第一个问题

公司在经营中存在可分配的税后利润时，有的股东希望将盈余留作公司经营以期待获取更多收益，有的股东则希望及时分配利润实现投资利益。一般而言，即使股东会或股东大会未形成盈余分配的决议，对希望分配利润的股东利益也不会发生根本损害，因此，原则上这种冲突的解决属于公司自治范畴，是否进行公司盈余分配及分配多少，应当由股东会做出公司盈余分配的具体方案，司法不宜介入。但是，当部分股东变相分配利润、隐瞒或转移公司利润时，则会损害其他股东的实体利益，已非公司自治所能解决，此时若司法不加以适度干预，则不能制止权利滥用，亦有违司法正义。《公司法司法解释（四）》第15条的但书条款就是针对这种情形的。回到本案，A公司应当对B公司进行盈余分配。

■ 关于第二个问题

一般来讲，小股东在案件审理的同时向法院提出司法审计是比较妥当的方式。相关机构先审计公司的净利润额，然后统筹考虑公司的债务人、债权人各方利益，最后按照股权比例做出分配比较合适。本案最后的处理方式也是按照司法审计扣减有争议的部分，再乘以小股东的股权比例计算所得做出裁判。

■ 关于第三个问题

一般来讲，作为小股东对公司是否进行利润分配没有发言权，要看股东会的决议。但是如果出现大股东或者部分股东联合起来违反法律规定，滥用股东权利导致公司不分配利润，给其他股东造成损失的情形，则可以搜集证据提出诉讼，请求保护自己的合法权益，强制要求公司分配利润。另外需要注意，对于分配的数额一般以司法审计没有争议的净利润为基数，乘以自身的股权比例作为利润分配请求权的依据比较合适。

所以,大股东任性不分红,小股东不是想当然地没有办法,还是有办法的,但要找准点,找准证据。不过话说回来,如果没有上述案件的情形,小股东也不能胡乱诉讼,切忌把公司自治和司法救济搞混。

图书在版编目(CIP)数据

股权一本通:创业者必备的股权知识/杨甜 著.--杭州:浙江大学出版社,2019.9
ISBN 978-7-308-19388-7

Ⅰ.①股… Ⅱ.①杨… Ⅲ.①股权管理 Ⅳ.①F271.2

中国版本图书馆CIP数据核字(2019)第158722号

股权一本通：创业者必备的股权知识
杨　甜　著

责任编辑	曲静
责任校对	周群
出版发行	浙江大学出版社
	(杭州市天目山路148号　邮政编码310007)
	(网址：http://www.zjupress.com)
排　　版	杭州朝曦图文设计有限公司
印　　刷	浙江印刷集团有限公司
开　　本	880mm×1230mm　1/32
印　　张	6.75
字　　数	107千
版 印 次	2019年9月第1版　2019年9月第1次印刷
书　　号	ISBN 978-7-308-19388-7
定　　价	38.00元

版权所有　翻印必究　印装差错　负责调换

浙江大学出版社市场运营中心联系方式：0571-88925591；http://zjdxcbs.tmall.com